意識之光

東方宗教神話的永恆隱喻

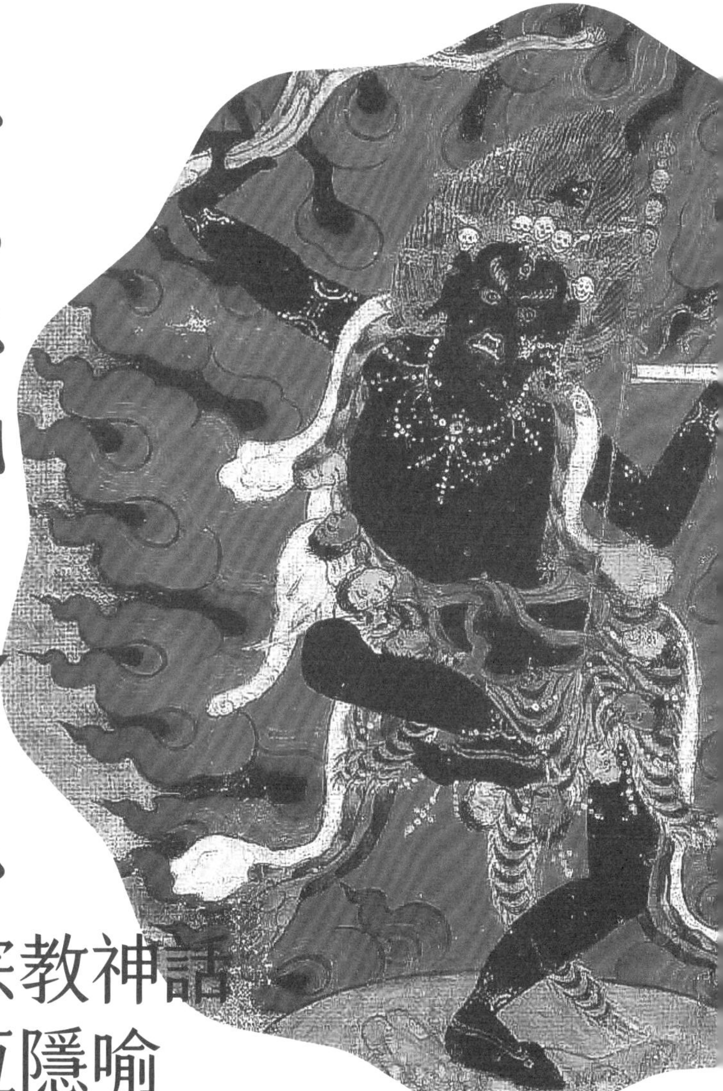

喬瑟夫·坎伯
Joseph Campbell

JOSEPH CAMPBELL®
FOUNDATION

目錄

永遠燃燒的火祭 58
《吠陀經》 58
榮耀之臉 66

第二章　靈魂的旅程

印度的神祕主義傳統 76
勝王瑜伽：脈輪之蛇 76
身體、心智與心靈的瑜伽 98
痛苦的輪迴 111
出生與重生 111
恐怖 115

世界靈魂 118
摩耶 118
毀滅者與創造者 123
東方神話中的個體 140
面具與演員 140
永恆的代理者 149
重生瑜伽的意象 156
通往太陽之門的旅程 156
中陰聞教得度：《西藏度亡經》 169
東方神話的創造力 177
光的化身：印度藝術 177

光明與黑暗：東亞的藝術……184

第三章　渡往彼岸的渡船

耆那教：遁世之路……202
印度教：「法」的追尋與擺脫……217
非人格化的神……217
「法」與存在……228
人生的階段……241
佛教：塵世之花……248
佛陀的生平……248
渡船……265

第四章　結語

關於《喬瑟夫．坎伯全集》

一九八七年，喬瑟夫．坎伯去世後，留下了一大批已出版的著作，那是他用畢生熱情所探討的內容，包括世界神話的集合體，以及各種他稱之為「一則偉大人類故事」的象徵。此外，他也留下了大量未發表的作品，包括未整理的文章、筆記、信件、日記，以及講座的錄音與錄影。

喬瑟夫．坎伯基金會成立於一九九一年，目的是保存、維護及延續坎伯生前的工作。基金會已著手將他的論文與錄音帶轉製成數位化的檔案，並將先前無法取得的材料及絕版的著作以《喬瑟夫．坎伯全集》（*The Collected Works of Joseph Campbell*）的名義出版。

《喬瑟夫．坎伯全集》
執行主編　羅伯特．沃爾特（Robert Walter）
總編　大衛．庫德勒（David Kudler）

編者序

喬瑟夫．坎伯在一九五五年結束了他為期一年的亞洲之旅，他的人生在那一年經歷了徹底的改變。自從他一九二四年在一艘橫跨大西洋的渡輪上碰見吉杜．克里希那穆提（Jiddu Krishnamurti）[1]之後，坎伯就深受當時已廣為人知的東方神話與宗教所吸引。他在歐洲攻讀研究所時，接觸了卡爾．榮格（C.G. Jung）[2]、阿道夫．巴斯蒂安（Adolph Bastian）[3]等西方思想家，以及十九世紀浪漫主義哲學家的觀點，他們全都深受東方思想與意象的影響。

一九四二年，時任莎拉．勞倫斯學院（Sarah Lawrence College）教授的坎伯幸運地成為了偉大的印度學者海因里希．齊默（Heinrich Zimmer）[4]的朋友與門徒，他認為印度教的基礎乃是神話，這點豐富並啟發了坎伯的思想。當齊默於一九四五年去世時，坎伯應允了遺孀克里斯蒂安（Christiane）的請求，為他編輯身後所留下的筆記與未竟之作。這耗去了坎伯專業生涯許多時間，直到他出發前往東方旅行那一年，他才真正來到了這片他閱讀並書寫過許多次的印度大陸。

當然，他所經驗到的亞洲既讓他驚喜也使他失望。坎伯所出版的旅行日誌，也就是《小費與大梵》（*Baksheesh & Brahman*）及《清酒與開悟》（*Sake & Satori*），裡頭同時記錄了他挫折與驚奇的矛盾之情。印度人對巴克提（*bhakti*，也就是儀式的奉獻）的強調讓他失望，但他也對東方的思維模式（特別是加爾各達、京都、孟加拉和曼谷）感到震驚，那迥異於他從小就深受影響的西方思維模式。坎伯發現，不同於西方人強調受造物與造物主之間的關係，東方人認為自性與永恆是同一的，而印度教徒將它稱為梵（*Brahman*）。

這個角度令坎伯耳目一新。他提到日本文化裡並沒有「人的墮落」這種概念，因此坎伯說：「我告訴朋友可以把心理治療的錢省下來拜訪日本。」

另一件使他倍感衝擊的，是他發現多數美國人從未接受比較神話學和比較宗教學的教育。在這趟旅行期間，他很尷尬地發現自己的國人對所碰到的文化一無所知或漠不關心，即使是學者和外交官也一樣。

這兩個想法結合在一起啟發了坎伯，並徹底改變了他的職業生涯。他不再滿足於僅為同行寫作或只教授自己的學生。嚴格來說，他本來就打算把一九四九年出版的《千面英雄》(*The Hero with a Thousand Faces*)[5] 寫成一部通俗作品，正如我們從其原定書名《如何閱讀神話》(*How to Read a Myth*)所見到的那樣。然而，當時那本書只是一本小眾作品，並沒有受到美國大眾文化的注意。所以，坎伯開始有意識地尋求能觸及更多讀者的方法。當他還在亞洲時，就已著手採用大眾的觀點來寫作一本比較神話學的書。結果他完成了四卷巨作：《神的不同面具》(*The Masks of God*)，這是一部宗教與神話的通史，在一九五九—一九六八年間相繼出版。

他另一項重要工作是演講，先是在學術會議、教堂、美國國務院大廳裡，最後是在收音機與電視機上。這些演講的目的始終都是想啟迪美國聽眾，使他們了解自身的傳統以及神話與象徵的廣大世界。很幸運的是，坎伯用錄製演講的方式來準備他的寫作工作(坎伯是個即興演講者，多數時候他的演講都沒有筆記)。

自他返美直到一九八七年去世為止，他最喜歡的主題一直是偉大的印度教神話與東亞的宗教。喬瑟夫・坎伯基金會保存了數以百計主題廣泛且深奧的演講稿，但都聚焦於坎伯所稱的東方世界。

這本書的內容幾乎全由這些演講稿整理而來，裡頭也包含了一些未發表的短文。無論是哪一類，坎伯在裡頭都探討了東方對永恆的隱喻，不管它們的名字是梵、道，還是佛心。

第一章〈梵的誕生〉，聚焦在「超越性的世界靈魂」這個概念的本質及其歷史的發展。第二章〈靈魂的旅程〉則探討了印度人及東亞傳統文化的個體觀點，以及此個體觀點與「超越性的世界靈魂」之間的關係。第三章〈渡往彼岸的渡船〉，檢視了超越性概念在東方所表現出來的特定模式（也就是各種宗教），以及這些模式在宗教與歷史中的發展。

在編輯本書的過程中，我面臨了許多挑戰。第一項挑戰是決定要納進什麼材料。當時我剛協助完成本系列的第一卷，也就是由尤金．甘迺迪（Eugene Kennedy）所編輯的《汝即是彼：轉變中的宗教隱喻》（*Thou Art That: Transforming Religious Metaphor*），該書討論的是猶太—基督教傳統中的底層神話。那時我們覺得似乎該有一本類似的書，來探討對應的亞洲神話。

因此我盡己所能地回顧了坎伯有關亞洲神話的所有作品，無論是出版品還是未出版品，並最終確認了本卷所探討的全部主題。基本命題確定之後，我曉得會用上其中七次演講的內容，而它們都是《喬瑟夫．坎伯錄音集》（*The Joseph Campbell Audio Collection*）的一部分，其中兩講收錄於〈內在之旅：東方與西方〉（The Inward Journey: East and West），另外五講則是〈東方之道〉（The Eastern Way）的內容。坎伯是在一九六〇年代首次舉辦大型公共巡迴演講時製作這些錄音帶的。我搜尋了坎伯其他的演講稿以及未出版的著作，然後找到許多我認為可以填補整個論證過程所缺漏的材料。這些材料的起迄時間是一九五七年到一九八三年，也就是坎伯自亞洲返美，直到他去世的前四年。

待我蒐集到這些素材後，我面臨了一名編輯最大的挑戰，那就是該如何處理它們？

我有三種模式可以採用，這三種都是喬瑟夫．坎伯做過的。第一種是創作一部融會貫通的作品，從不同的材料中選取文字，將概念拆分出來後按順序整合為一部完整的作品。這個模式曾被坎伯用以處理齊默的遺作。很可惜，我覺得自己並不如坎伯那樣精通此道。

第二種模式也是坎伯使用過的，方法是編寫一部簡單的作品集，將一系列不同的文章依照主題排列。他第一部文選，《野鵝的飛翔：神話學角度的探索》（*The Flight of the Wild Gander: Explorations in the Mythological Dimension*）就是這麼做的。我覺得將一系列相關的主題放在一起，這個方法可能會使內容太冗贅且缺乏連貫性。

最後一種方法，也就是我採用的方法，那是一條中庸之道。這是坎伯在編寫他個人神話的通俗作品《活出神話》（*Myths to Live By*）時所用的方法。在那本書裡，坎伯先從演講稿中篩選，將它們放進一個有邏輯的順序中，接著加以編輯，移除重複的內容，強化觀念的發展，再用統一的風格表達出來。

讀者可以評斷我的方法是否成功，你在本書中所發現的完美連結與印象深刻的結論都應歸功於喬瑟夫．坎伯，而所有缺漏或邏輯不連貫之處則全屬我的過失。

本書的主體是由大量的演講摘錄與文章的片段所組成，同時我合併了許多重複的內容，移去和重組了許多材料以避免過於冗長，然後保留了坎伯最有趣的評論。因此，本書各章都不是演講的原始檔案，對此我希望讀者們不要感到驚訝或失望。

在表達風格上，我試圖保留坎伯先生那精彩、親民的演講方式。我要借用前輩甘迺迪博士在《汝即是彼》的前言來勉勵讀者：「閱讀本書最好的方式，就是把它當成一座演講廳、教室，或者書房，你走入其中，發現坎伯正在裡頭講課，八十歲高齡的他熱情不減，像四十歲時那樣，生動地講述著世界的神話，這是令他感到狂喜之處。」

我要感謝以下諸位朋友對本書所提供的巨大貢獻：喬瑟夫・坎伯基金會主席鮑伯・沃特（Bob Walter），他為叢書及本書提出了願景；馬克・瓦茲（Mark Watts）幫忙整理了錄音帶；傑森・賈德納（Jason Gardner）用他冷靜的幽默與洞察力，在新世界圖書館出版社（New World Library）監督了《喬瑟夫・坎伯全集》的出版；新世界圖書館的製作總監托納・皮爾斯・邁爾斯（Tona Pearce

Myers）、藝術總監瑪麗·安·卡斯勒（Mary Ann Casler），以及他們傑出的同仁；精通多國語言的卓越編輯麥克·阿希比（Mike Ashby）；以及我的妻子莫拉·芙恩（Maura Vaughn），她無怨無悔的支持與耐心才是真正的英雄。

大衛·庫德勒

二〇〇三年三月十一日

「為我摘一棵榕樹的果子來。」
「在這裡，尊敬的父親。」
「把它打開。」
「我打開了，尊敬的父親。」
「你看到了什麼？」
「這些種子，非常小。」
「把種子剖開看看，我兒。」
「剖開了，尊敬的父親。」
「你看到了什麼？」
「什麼也沒看到，尊敬的父親。」

這位父親說：「我親愛的兒子，你沒見到那精微的本質，正是那個本質才使這棵大榕樹得以挺立。相信我，我親愛的兒子。那精微的本質存在於一切事物之中。那就是真理。那就是自性（Self）。那就是你，希婆多蓋杜！」

《歌者奧義書》（Chhāndogya Upanisad）第12章

耶穌說：「我是凌駕一切事物的光。我就是萬物：世間萬物自我而出，萬物也會回歸於我。劈開一塊木頭；我在那裡。舉起一塊石頭，你會在那裡發現我。」

《多馬福音》（The Gospel According to Saint Thomas）第77節[6]

引言

因陀羅的謙卑[1]

正確來說，神話並不屬於理性的範疇。它們是從卡爾・榮格所說的集體無意識[2]中湧現出來的。

我認為西方神話學的問題是，神話中的原型象徵正被當成事實（facts）來解讀。耶穌（Jesus）「確實」是由處女所生。耶穌「確實」死後復活。耶穌「確實」上升到了天國。很遺憾的是，在這個科學懷疑論盛行的時代，我們曉得這些事情不可能是真的，所以神話被看成了謊話。如今，**神話**（*myth*）這個詞意味著謊言。我們因此喪失了象徵及其所述說的神祕世界，但我們依舊需要象徵。象徵總是從令人不安的夢境以及惡夢中出現，而現在只能把它們交給精神病學家來處理。佛洛伊德（Sigmund Freud）[3]、榮格、阿德勒（Jacob Adler）[4]等人了解到，夢中的各種形象其實是個人神話化後的形象。你創造了自己的意象，而它們與原型密切相關。

我們當前的文化摒棄了象徵的世界，走入了經濟及政治主導的時代，而靈性原則則完全受到了排斥。我們可能有實務倫理學或那類的東西，但當代的西方文明完全沒有靈性的觀點在內。我們的宗教生活是倫理學的，不是神話學的。一旦神話消失，社會就會跟著分崩離析。

問題是，我們能否再次以神話的、神祕的方式領悟生命的奇蹟？因為人類的存在本身就是奇蹟的展現。

我們將《舊約》中的上帝（Old Testament God）看成真實存在的人物，而不是一種象徵。聖地是一處具體的地方，人類比野獸傑出，而自然界則是墮落的。隨著伊甸園的墜落，大自然成為敗壞人心的力量，因此我們不再像西雅圖酋長[5]那樣，將自己交付給自然。相反地，我們將修復自然。我們發展出大自然擁有善惡兩股力量的觀念，同時假定自己屬於善的那一方，這使雙方產生了明顯的衝突。我們不願向自然屈服。**自然宗教**（*natural religions*）這個術語成為了被拒絕與濫用的對象。但你還能崇拜什麼呢？崇拜那些你腦海裡幻想的事物嗎？奇怪的事發生了。如果你不再相信某種形象，你就不會有需要崇拜的事物。如今每個值得崇拜的事物都消失了！

在清教徒時期，整個基督教神話的圖像體系以及能向靈魂傳達溝通的儀式都被摒棄。整個信仰被簡化為一種理性的行為，旨在將一群好人聚集在一起，特別是那些屬於特定教會的人。然而，即便是這種形式，也正一點一點地瓦解。

我們平常都讀些什麼？我們讀報紙，上面報導的都是戰爭、謀殺、性侵、政客與運動員的新聞，沒有其他的了。這些時間原是人們獻身於禮拜、親近神聖的傳說之用，它們是人類生活與宗教的奠基者。如今人們正四處尋找他們所遺失的東西。某些人知道自己正在尋找什麼，而其餘不知道的人就只能過著痛苦的日子。

讓我跟大家說個小故事。我只有一台小電視，差不多明信片大小，那是我多年前買的，目的是看看電視上的自己。[6]之後我就很少用過。但登月計畫開始後，我每天都盯著螢幕，看那些太空人的狀況。最令我激動的時刻，就是他們返回地球的那一天，位在休士頓的地面控制中心問他們：「現在是誰在領航？」他們回答：「是牛頓（Newton）。」

我立刻想到了康德（Kant）的「先驗感性論」，也就是《純粹理性批判》（*Critique of Pure Reason*）的第一部分。他在裡頭提到，時間與空間作為感知的形式，對人的經驗模式來說非常重要。我們無法在時空之外經驗其他事物。他們是先驗的形式。因此，在我們進入某個空間之前，就彷彿已經掌握了空間的規律。在形上學的導論裡，康德問道：「我們要怎麼確定，在此空間所進行的數學計算，在另一個空間依舊可以運作呢？」[7]這些太空人給了我答案：「只會有一個空間，因為在運作的是同一個心智（mind）。」

這群小伙子在數十萬英里的太空中轉啊轉，人們對太空／空間（space）的法則已有足夠精確的了解，知道火箭該釋放多少能量，用什麼角度能使他們返航，並降落在太平洋上，那裡有船隻在等著他們，而誤差不會超過一英里。這實在太神奇了。

認識太空就認識了我們的生命。我們源於太空。正是在太空中，大爆炸（Big Bang）形成了銀河系，並從中誕生了太陽系。我們所居住的星球是這當中的一顆小石子，而我們都從這顆石子上的土壤裡誕生。這則奇妙的神話正等待某個人來將它譜寫成詩。

神話是由詩人的洞察力與理解力創作而成的。神話無法被發明，只能被發現。你無法發明神話，好比你無法預先知道今晚會做什麼夢一樣。神話源於人類本質經驗的神祕領域。

這些年輕人在返航時說的另一件事情是，地球就像太空沙漠中的一片綠洲。那一刻，他們心中升起的感激與對地球的愛就像西雅圖酋長曾說的：「並非地球屬於人類，而是人類屬於地球。」[8]

「讓我們好好照顧地球。」我聽到阿波羅號太空人拉斯提・施韋卡特（Rusty Schweickart）這麼說，這是一份令人驚嘆的聲明。他在旅程中曾執行過艙外任務，他必須穿著太空服離開船艙，僅用一條連接管與太空船相連。船艙內發生了一場小意外，所以他在船艙外有五分鐘無事可做。他正以一萬八千英里的時速在太空中穿梭，那裡無風亦無聲，只有太陽、地球、月亮，而這個可愛的人說：「我問我自己，何德何能可以擁有這份體驗？」

這就是崇高體驗，由太空或能量所引發的體驗如此壯麗，以至於個人在它面前變得不足為道。二戰期間，某些德國城市受到英美聯軍的密集轟炸，我曾和躲在其中的人們談過，他們告訴我那也是一種崇高體驗。這個世界除了美麗以外還有其他事物，那就是崇高。和宇宙有關的神話就是崇高的。

地球是一種能量，神靈則是這些能量的人格化，而物質則是能量的具體形式，這些事物已經存在了無窮的時光。

讓我告訴你一則印度的故事。

有隻名為弗栗多（Vṛtra）的惡龍一度封閉了全世界的水流（牠名字的意思就是「柵欄」），讓人間大旱了數千年。因陀羅，也就是印度萬神殿裡的宙斯（Zeus），想到一個辦法，何不用閃電劈那傢伙，把牠炸個粉碎？因此，因陀羅這個有點遲鈍的神，就將閃電劈向弗栗多的肚子，然後砰的一聲，弗栗多爆炸了，水流向大地，宇宙跟著重生。

接著因陀羅心裡想：「我多偉大啊！」他前往宇宙山，也就是須彌山，那是印度眾神的奧林帕斯山，發現所有的宮殿都已頹圮。「嗯，現在我要在此處建造一座全新的城市，一座配得上我的尊貴城市。」他找來了諸神的工匠毗首羯磨（Viśvakarman），告訴他自己的計畫。

他說：「你瞧！我們馬上開工，立刻建造這座城市吧！我想我們可以在這裡造一些宮殿，那裡造一些高塔，蓮花可以種這裡……」

因此毗首羯磨動工了，但每次因陀羅返回工地，都會帶來更大更好的計畫，毗首羯磨開始想：「我的天啊！我們都是永生不死的神啊！照這樣下去城市會永遠蓋不完的。我該怎麼辦才好？」

毗首羯磨決定去找梵天（Brahmā）抱怨，他是現象界的創造者。梵天端坐在一朵蓮花上（那就是梵天雄踞寶座的方式），而梵天與蓮花都是從毗濕奴（Viṣṇu）的肚臍中長出來的。毗濕奴在宇宙之海上漂浮，斜躺在一條名為阿難陀（Ananta，意思是「無限」）的大蛇上。

當時的情況是這樣的。毗濕奴在水面上睡著了，梵天則坐在蓮花上。毗首羯磨晉見並行禮，說道：「聽著，我有麻煩了。」然後他將事情告訴了梵天，他說：「沒事，我來處理。」

隔天早上，在一座尚在建造的宮殿門口，守門人見到了一名有著藍黑色皮膚的婆羅門少年，他外表俊美，吸引了很多孩子的觀看。守門人向因陀羅回報：「我覺得應該把那位俊美的婆羅門少年邀請進宮殿裡加以款待，那會為我們帶來好運的。」因陀羅也這麼認為，因此那位少年就被邀請進入宮殿。因陀羅坐在他的王位上，在迎賓禮結束後，他說：「年輕人，是什麼風把你吹來這裡的？」

那位少年用平地驚雷那樣宏亮的聲音回答：「我聽說你正在建造一座任何一個因陀羅都沒建過的宮殿，而今我看過宮殿了，我可以坦白告訴你，過去還沒有哪位因陀羅曾蓋過這麼宏偉的宮殿。」

因陀羅感到困惑，問道：「在我之前的因陀羅，你在說什麼？」

「是的，在你之前的因陀羅，」那位少年回答：「只要想想蓮花從毗濕奴的肚臍中長出、綻放，它的上面坐著梵天。梵天睜眼，一個宇宙隨之誕生，接著被一位因陀羅統治。他閉上眼，又睜開眼，另一個宇宙接著出現。他再次閉上眼睛……就這樣持續三百六十個梵天年[9]，梵天都在做著同一件事。然後蓮花凋謝。經過無窮的時間後，另一朵蓮花綻放，梵天出現，他張開眼，閉上眼……因陀羅出現，一個又一個因陀羅。

「現在，請想像一下太空與外太空中所有的星系吧！每個星系都有一朵蓮花，每朵蓮花上都坐著一位梵天。您的宮殿裡肯定有一些聰明人願意幫忙計算大海中有多少滴水，沙灘上有多少粒沙，但有誰願意去算宇宙曾有過多少位梵天呢？更何況是計算因陀羅的數量。」

談話間，一群排列整齊的螞蟻從宮殿的地板上爬過，少年看著牠們，然後笑了起來。因陀羅臉色一變，發怒問道：「現在是怎樣？你在笑什麼？」

少年說：「最好別問，怕你聽了受傷。」

因陀羅說：「我就是要問。」

少年揮著手指向螞蟻，說道：「牠們都是以前的因陀羅。牠們已歷經數不盡的轉世輪迴，都曾升至天界，坐在因陀羅的王座上，並殺死惡龍弗栗多。牠們也都曾說過：『我太偉大了！』如今牠們都在我們腳底下行走。」

這時，一個古怪的老瑜伽士走了進來，他打著香蕉葉做成的傘，除了一條腰帶之外身上什麼都沒穿。他的胸前有一小圈毛，少年看著他，問出了因陀羅心中的問題：「你是誰？叫什麼名字？住在何處？家人在哪裡？」

「我沒有家人，也沒有房子。生命短暫，對我來說這把傘已經足夠。我只信奉毗濕奴。至於這些毛髮，怪得很，每次只要有一位因陀羅死去，就會掉一根。現在已經掉了一半，很快就會全部掉光了。為什麼要蓋房子呢？」

實際上，這兩個人就是毗濕奴和濕婆（Śiva）。他們特來教導因陀羅，他聽完他們的教誨後，兩人就離開了。因陀羅此刻感到很疲憊，正好祭主仙人（Bṛhaspati），也就是眾神的祭司走了進來，因陀羅便對他說：「我想出家成為一名瑜伽士，我要去禮敬毗濕奴的雙足。」

所以他去找了自己的妻子，偉大的王后因陀羅尼（Indrani），告訴她：「親愛的，我要離開妳了。我要去森林中修行，成為瑜伽士。我要拋下這場世界之王的荒唐秀，然後前去禮敬毗濕奴的雙足。」

因陀羅尼盯著他看了好一會兒，然後跑去找祭主仙人，告訴他發生了什麼事。「他腦袋撞壞了，他竟然想出家當瑜伽士！」

因此祭司牽著她去找因陀羅，兩人坐在他的王位前，祭司說道：「你坐在宇宙的王位上。你代表著美德與責任，也就是法（*dharma*），你是聖靈在俗世的化身。我為你寫了一本關於政治藝術的巨作，包括如何維繫國家，如何贏得戰爭等等。現在我會為你寫另一本關於愛的藝術的書，使你人生的另一個層面，也就是你和因陀羅尼，也能成為聖靈的一種啟示，表明它一直在我們心中。每個人都能當瑜伽士，但誰能在世俗生活中為我們體現內在神性的永恆之謎呢？」

因陀羅因此擺脫了煩惱，不再想著出家或當瑜伽士了。他認識到人的內在即是充足的，每個人都是如此。你所需做的就是醒悟過來面對這個事實，亦即你自身就是永恆的顯現。

這篇故事名為〈因陀羅的謙卑〉，記錄於《梵轉往世書》（*Brahmavaivarta Purāṇa*）中。《往世書》是印度教的聖典，大約創作於西元四〇〇年。印度神話最讓人驚訝的一點是它含括了我們如今談論的宇宙，以及恆星壽命的大週期、星系外的星系、宇宙的過去與未來等等。這種觀點消解了當下這個時刻的力量。

那我們對核子戰爭的擔憂又要怎麼解決呢？在印度神話的觀點底下會認為，在我們存在之前就已存在著無數個宇宙，每一個都曾毀於核子戰爭。因此，人可以去認同自己內在的永恆，以及世間萬物內在的永恆。這並不意味著你想看到核子戰爭，而是你不必花時間去擔心它。

佛陀所經歷過最大的誘惑之一是色慾。另一個誘惑則是對死亡的恐懼。死亡恐懼是很好的冥想主題。生活中充斥著誘惑與干擾，解方在於找到內在那個不動的核心。那麼，你就能從任何事情裡存活。神話能幫我們做到這一點。這並不是說我們可以不去督促核能研究的管控。去吧！但帶著輕鬆的心情去。宇宙是神靈的遊戲。

第 *1* 章

梵的誕生

解讀東方神話 10

✦東方與西方

幾年前，我有幸受邀與奧地利猶太裔的神學家馬丁．布伯（Martin Buber）[11]在哥倫比亞進行幾場對談。他是一位令人印象深刻的人：矮小，但極具威嚴，演說時雄辯滔滔。如果你知道英語不是他的母語，大概會很驚訝他竟能用這麼流暢自如的方式來表達各種複雜的思想。

然而，隨著談話的深入，我開始越來越不確定他所使用的一個詞的確切含義。這個詞是**上帝**（*God*）。我不確定他用這個詞是用以指稱這個偉大宇宙的神祕源頭，或《舊約》中某一歷史階段的主人翁，抑或是馬丁．布伯偶然聊到的某個人。

在某次談話中，他停頓了一下，表情哀傷地

說：「以第三人稱的方式來談論上帝讓我痛苦。」後來我把這句話轉述給格爾肖姆．朔勒姆（Gershom Scholem）[12]聽，他聽完後搖搖頭說：「的確，他有時比較極端。」

在第三場講座裡，我緊張地舉起手提問。他溫柔且友好地問我：「坎伯先生，怎麼了嗎？」

「嗯，」我說：「今晚講到的一個字我聽得不是很懂，我不確定它確切的意思。」

「是哪個字呢？」

我回答：「上帝。」

他睜大了眼睛。看起來有些驚訝地對我說道：「你不知道上帝的意思？」

我說：「我不知道您使用上帝一詞時，所指的是什麼意思。您告訴我們上帝隱藏了祂的臉孔。我最近剛從印度回來，但那裡的人們無時無刻不在經驗和注視著上帝。」[13]

「噢！」他說：「你的意思是替兩者做個比較嗎？」

很遺憾，這樣的對話並不適合這個場合的宗教友好精神，主席趕忙打斷說道：「不是的，布伯博士，坎伯先生只是想了解您對上帝的定義。」

他向後退了一下，若無其事地說：「每個人都得以自己的方式結束他自身的流亡。」

從布伯博士的角度來說，這點或許完全正確。但當時我想到的是，東方智慧與神話主題的整個重點是：我們「並未」流亡，神就在你的心中。你無法被祂放逐。唯一可能發生的，是你不認識祂，你不明白祂，你沒找到打開意識的方法去認識你內心的存在。

這是東西方傳統的重要分野。是哪一條線分開了這兩個世界？從神話與宗教文化的角度來說，我認為你可以在過去我們稱為波斯的地方，也就是格林威治以東六十度，畫出這條線。

這條線的東方有兩個富有創造性的高位文化中心：一個是印度，另一個則是遠東的中國、南亞，以及日本。我所說的高位文化，意思是擁有書寫、紀念性建築物等能使用文字的文明。這條線的西方也有兩個富有創造性的高位文化中心：近東地區，或者包含了埃及的黎凡特（Levant）地區，以及歐洲。東方的這兩個區域彼此隔離，也跟其他地區隔離。印度的北方有喜馬拉雅山，周邊則被大洋環繞。中國的西部有大沙漠，其餘則被海洋隔絕。外來的影響力從未廣泛地進入這兩個區域，它們只能緩慢進入並逐漸被當地文化給同化。

但歐洲與近東地區確有密切頻繁的接觸。各種便利的交通要道穿插其中，例如：地中海、黑海、多瑙河及其他河流。此外，這兩個地區經常受到來自北方與南方的大規模入侵。

從歷史上來看，西方有兩支非常重要的入侵者。一支是來自北方擅長狩獵與戰爭的游牧民族，也就是雅利安人，他們從北歐的平原區南下，進入歐洲的高位文化中心；另一支同樣好戰的種族是閃族部落，他們從敘利亞—阿拉伯的沙漠進入，橫掃了黎凡特的沖積平原。

這些侵略對當地的文化造成了持續的騷擾。所以西方的歷史是解體與重組的歷史，換言之，是不斷向前的歷史。當中伴隨著劇烈而持續的改變。為數眾多的民族在那裡相互影響，不同對立的思想在那裡激烈對抗。

當我們從哲學與宗教史都很複雜的西方世界轉向東方時，會覺得彷彿進入了一個種滿棕櫚樹的世界，各種不同的棕櫚樹，但本質上都很相近。僅有幾個少數的基本主題貫穿整個東方，它們延續了很長很長的一段時間。

那印度與遠東的情況又如何呢？印度文化傳統源於西元前二五〇〇年左右的印度河流域文明。而中國的遠東文化則始於商代，約是西元前一六〇〇年。[14] 這兩個日期都在青銅時代內。

要注意的是，高度文明的整個發展源於近東地區，也就是美索不達米亞和埃及中間的廣闊地帶，在西元前八〇〇〇年左右，伴隨農業與畜牧業的發展而興起。在那之前，世界各地的人們都以採集和狩獵為生。突然間，人類建立起頻繁的經濟活動，並逐漸形成了複雜的社會結構。在西元前四〇〇〇年左右，特別是在底格里斯河與幼發拉底河的河谷，出現了規模相對龐大、結構複雜的城市群：古蘇美（Sumer）、烏爾（Ur）、阿卡德（Akkad），及許多星羅棋布的城市。

由於社群在擴大，這些社會開始出現勞務分工：專業的管理人員、專業祭司、專職的商人與農夫。專業化帶動了知識、技術與工藝的快速進步。

祭司的出現對我們的討論至關重要。大約是在西元前三五〇〇年左右，書寫、數學計算、星象觀察，以及徵稅技術都在那段時期被發明出來。國王作為分工社會的中央統籌角色的想法也在此時出現。

此時期祭司的重要貢獻之一，就是發現了行星（金、木、水、火、土）皆以可計算的速率行經不同恆星而運動。這個發現啟發了對宇宙的全新構想：宇宙具有規律性，它是由數學規則所掌控的。

在這個構想底下，宇宙並不受人格神的支配，相反地，是一股具規律性的非個人力量使日夜交替、月亮盈虧、四季更迭得以運作，除此之外，它還規範著大年（great year）[15]的流逝，以及整個宇宙的永恆流轉。

中國人的「**道**」（*Tao*）意指宇宙秩序的客觀因素，它認為光明與黑暗的起落、它們的影響與力量，都遵循著規律的宇宙循環。印度人的「法」同樣如此，它是一種宇宙秩序，如同古埃及人的「**正義**」（*ma'at*）與蘇美人的「**密**」（*me*）。這些意象都是客觀的宇宙秩序，居於其中的眾神猶如官僚體系那樣各司其職。

眾神並不是支配者，支配者是一個沒有人格的機制。眾神只負責管理這個客觀的進程，他們隸屬不同的部門，代表著不同自然力量的人格化形象。這些自然和宇宙的力量也在你內在的本質裡運作。因此外在的神靈同樣位於人的內心。

祭司團體因此出現了一個偉大的思想：藝術、建築與哲學應當體現出社會秩序運作背後的原型。社會變成了某種圖像（icon），象徵這些宇宙的模型。

每個民族的神話都代表了一個深具詩意的偉大意象，就像所有深具詩意的意象一樣，它超越自身，指向那些神祕且難以言喻的原則。這類傳統神話具有四種基本功能。第一個功能是打開社群中每個人的心智，對其揭露不可分析的神祕面向，它無法被談論，只能被當作某種既內且外的經驗來體驗。

神話的第二個功能是提供一幅宇宙的圖像，連結超驗性的世界與日常的經驗世界。這幅宇宙的圖像必須能夠反映奧祕，使所有的星星、小動物、樹木，以及高山都能表現出那深不可測的面向。

第三個功能是展現一套社會秩序，使人們能與奧祕相協調。作為協調原則的國王，端坐於城邦的中心。他散發著太陽般的光芒：他的王冠代表太陽光（或者月光）。他的朝臣們穿戴著神聖的裝扮向他走來，他們身披繡有宇宙裝飾的華服，彷彿是圍繞著太陽的行星。這樣的象徵在後來的宮廷禮儀中還看得到。

神話的第四個功能是支持個體走過整個生命歷程。個體需要神話的支持，才能擺脫孩童期的依賴傾向，承擔成年人的責任（責任的定義會依個別文化而有不同），然後走向老年期，以及跨越黑暗之門（Dark Gate）[16]。

唯有如此，宏觀的大世界、微觀的個人世界，以及有時被我稱之為**中觀**（*mezzocosm*）的社會秩序，就全部被整合進同一個偉大的整體裡，共同指向這個神祕的面向。這就是隱藏在東方之美、使人驚奇的東方城市、東方哲學、東方詩歌與藝術背後的東西。當然，如果我們到了那裡，可能會被他們人民的骯髒以及生活的貧困所震驚。然而，這個協調性原則卻以奇特而誘人的方式照亮了所有的貧困，在這個神話的世界中閃耀著光芒。我們也會發現當地人對這一切有著奇怪的容忍，當然，社工師會為此惱怒，但他們的僧侶卻為此歡喜。這些人安然地住在我們所謂的上帝之中，他們真切地在自己的生活中體驗到了上帝的光輝。

東方哲學的的基本觀點是，那些你所尋求想要了解的奧祕與終極真理，是超越一切定義的。所有的思想與各種的想像都無法企及。當我們問道：「上帝是仁慈、公義，而且慈愛的嗎？祂愛我以及我的人民多過其他人嗎？這些人是選民嗎？那些人是棄民嗎？」從東方的觀點來看，這些問題純屬幼稚之舉。他們會將思想與情感投射到某個擬人化的奧祕上，那奧祕則超越了各種存在與非存在的範疇。邏輯的範疇與對時空的感知形式，這一切都是人類的思想功能，而我們尋找的奧祕則在那之外。絕對理念（the absolute）[17] 是絕對超越一切思想的，這點必須嚴肅以對。

在西方哲學中，**超越**（*transcendent*）這個字的意思是「世俗之外」，而在東方哲學裡，它則意味著「思想之外」。想像一下，如果你對上帝的定義跟終極的神祕有關，從西方觀點來說，這會被視為偶像崇拜。你的上帝已經夠好了，而我的神對我來說也夠好了。從東方的觀點來說，上帝只是人認知能力的反射。既然人的能力各有不同，那麼就有權力以不同的方式去理解上帝。

西方的基本神學觀點是，只有上帝能認識上帝。這是三位一體教義的核心。若想認識聖父，你本身必須是上帝。在基督教裡，這個角色是由聖子所擔任的。知者與被知者的關係則由聖靈所代表。我們每個人都在朝向認識第二位格（也就是認識天父的基督）的途中。在印度教與佛教的思想裡，你會發現完全相同的觀點。

然而，東方人看待關係的方式與我們有些微不同：你自身存在的基礎是超越一切知識之上的。它就是你，它內在於你。這個基本的東方式陳述在西元前八世紀就已出現在《歌者奧義書》中：*Tat tvam asi*（汝即是彼）。你應當認識的是你自己。然而，這個「你」並不是你所認同的那個你，不是在時空現象中可以被命名、被識別與被描述的你。不是這樣，所以我們也會看到這樣的梵文句子：*Neti, neti*（不是這個，不是這個）。任何你可以稱呼自己的名字都不是。當你被拭去一切的名字，穿透了表象，你才能抵達那裡。這是一種非常不同的思考方式。在這樣的思考中，a 是你，x 是奧祕，而 $a = x$，你就是那個奧祕，但不是你以為的那個「你」。你認為的那個你並不是它，而那個你甚至無從思維起的你**就是**它。這樣的矛盾，這樣的荒謬，就是東方思想的核心奧祕。

現在把它拿來跟近東地區發展出來的文明相比：猶太教、基督教與伊斯蘭教。在這裡，是上帝創造了世界。創造者與受造物並不相同，誰要是敢說「我就是它」，對西方文化來說，他就是在褻瀆上帝。當基督說「我與父原為一」，他就被釘死在十字架，因為那是對猶太教的褻瀆。偉大的蘇菲派神祕主義者曼蘇爾．哈拉吉（al-Hallaj）在九百年後說了一樣的話，結果他也被釘死在十字架上，因為那是對伊斯蘭教的褻瀆。但哈拉吉揭露了祕密：他說神祕主義者的目標是與神性結合。他就像一隻在夜晚看見了燈火的飛蛾，在玻璃罩外拍著翅膀，渴望能與火焰合為一體。翌日早晨，他回來向他的朋友說：「我昨晚所看見的事物實在太偉大了！」隔天晚上，他又設法溜入玻璃罩中，最後真的與火焰合為一體了。這就是神祕主義者的目標。是誰幫他達成目標的呢？就是那些釘死他的正統教義派。他們成為了神祕主義者自我實現的工具。就像哈拉吉那樣，基督也表達了這樣的觀點，他說：「父啊！赦免他們！因為他們所做的，他們不曉得。」

所以我們才被迫流亡。我們能對那個奧祕，那超越的 x，做些什麼呢？要效法神祕主義者做的，在燒死烈士的火堆上與 x 合一嗎？這是不被允許的。在我們的宗教裡，人只能努力與 x 建立**關係**。這點很重要，西方的宗教尋求與上帝建立關係，而不是體驗與神性的合一。人要怎樣才能與上帝建立關係呢？我們有幾個方式可以這麼做。一個是猶太教傳統，另一個則是基督教傳統，第三個，當然是伊斯蘭教的傳統。

在猶太教傳統裡，上帝與特定的族群簽訂了聖約，其他人都被排除在外。人要如何成為那個群體的一分子呢？這一點在幾年前才被猶太教給確立下來：你的母親得是猶太人，並終生侍奉聖約。

基督教與上帝建立關係的方式，則是透過耶穌基督做中保。基督是真正的上帝，也是真正的人。基督教視此為奇蹟，而在東方，每個人都得在自身認識到這一點。基督透過他的人性與我們相連，透過他的神性將我們與上帝相連。我們要如何與基督建立關係呢？藉由洗禮進入他的教會，就如猶太教一樣，教會也是一種社會機構。

伊斯蘭也是關係的宗教。與阿拉建立關係的方式是遵從他的律法，也就是

《古蘭經》，同時藉由他的先知穆罕默德（Muhammad）來達成。因此，虔誠的穆斯林在祈禱時面向麥加（Mecca），不是因為神在那裡，而是因為穆罕默德在那裡接收了神聖的啟示。伊斯蘭一詞意指「順服」，在這個黎凡特地區最年輕的宗教看來，將自己交付給阿拉這個偉大的力量，就是在實現宗教使命。人並非順從某種內在的東西，而是順從阿拉的威能與律法。

在西方傳統中，虔誠必須完全仰賴社會體制來定義，例如選民、教會、律法，而它們對信徒提出了相當多的要求。在進入現代社會後，由於某些我們情願不曉得的事實，這些要求開始受到了質疑。結果就是世界出現了懷疑與失衡，這就是西方人所面對的兩難。

東方文化進入西方，這為閉塞的我們帶來了重要的影響，那就是喚醒我們去認識已被遺忘的文化遺產。你只要閱讀十九世紀歐洲學者與美國超驗主義學者的書籍，就可以認識到這一點。他們開始理解到，佛教與印度教所說的東西代表著前基督教心靈的覺醒。他們從中認識了那些偉大的希臘與羅馬傳統中就已提過的內容，這些思想也同樣隱藏在凱爾特神話與日耳曼神話中。它們都源於聖林與聖物的思想，也就是自然的內在與外在都同樣神聖。在這些傳統裡，神話不是很久以前發生在他處的偽歷史，相反地，每個神話都以詩歌的形式揭示了永遠存在於我們自身的奧祕。

✶我與你

讓我向你們講一篇簡短的神話。這是一則源於青銅時代的古老神話，在三個不同的傳統中流傳著。第一個版本記錄於大約西元前九世紀左右成書的《廣林奧義書》(Bṛhadāraṇyakopaniṣad)。

一開始，當然了，並沒有一開始，因為「一開始」不過是個時間用語。當你在講述神話學的時候，一定不能太把術語當一回事。那是整個猶太基督教傳統所犯的錯。[18] 把神話當成彷彿有記者在場的報紙來讀，那是沒用的。將它們當成詩再讀一次，神話才能綻放光明。

因此，在不是一開始的一開始，除了自性之外別無他物。而自性在某個不是瞬間的瞬間說道：「*I. Aham. Ego.*」也就是「我」。就在他想到「我」的那一刻，他感到了恐懼。於是他開始思考，雖然不是什麼太嚴謹的思考，但那畢竟也是他的第一次嘗試，「既然這世上除我之外沒有其他事物，那我有什麼好怕的？」這個想法使他消除了恐懼。

當然，恐懼消除後，慾望就接著產生：「我希望還有另一個人。」在這種狀態下，願望總能輕易實現。自我開始膨脹並分裂成兩半，你瞧！有兩個人出現了。他們兩人開始交合，於是誕生了其他事物。然後女人說：「他怎能從自己的身體中生出了我，又與我交合呢？」所以她就把自己變成了母牛，男人也把自己變成了公牛。她又變成母驢，他則變成公驢。她變成母馬，他變成公馬。一直到雙方都變成了螞蟻為止。於是那最早說出「我」的人環顧四周，說道：「這世界就是我，是我澆灌而成的。」因此，是「自我」創造了這個宇宙，這是故事的第一個版本。

大概在同一時期，《創世記》（Genesis）的第二章出現了另一個故事。上帝創造了一座花園，讓一個小伙子負責照料。[19]那份工作頗為沉悶，而且他一個人也很孤獨。因此上帝又造出許多動物帶到他面前，讓他為動物命名。是啊！他能為牠們取名字，但還能做什麼呢？上帝終於想到其他事情了，他讓這個孤獨的人睡著，並趁機取下一根肋骨，做出了一個喬伊斯（Joyce）[20]所說的「肉片大小的配偶」。亞當醒後抬起頭，說道：「終於！太好了！」

讓我們看看這篇故事說了什麼。這也是一篇自性一分為二的故事。只不過此處一分為二的並不是神，而是神的創造物。神站在這件小事之外，連同我們歷史上的那些災難，神都始終站在舞台外頭觀看著。

我在東方遇過最棒的經驗之一，就是碰見了一群不知墮落為何物的人。他們不覺得自己該對某個高高在上，會向他們說「你應該這樣，此外，你還得那樣」的造物主有罪惡感。這真是一次清潔心靈的美好之旅。我告訴很多朋友：「把心理分析的錢省下來去日本玩吧！」

現在介紹第三個故事。柏拉圖（Plato）的《會飲篇》（*Symposium*）記錄了一次美好的酒會，其精彩程度世所罕見。這群希臘哲學家圍坐在一起，談論著愛，而亞里斯多德講述了一則小神話。

據說，最初的人類有四條腿和兩個頭，每個人都是現在人類（當然是指那時的希臘人）的兩倍大，只不過他們是依三種不同模型做出來的。第一種太陽模型所做出來的是兩個男人，第二種大地模型做出來的是一男一女，第三種月亮模型做出來的是兩個女人。但無論是哪種模型做出來的，他們都是現今的兩倍大。諸神害怕這些人類，於是宙斯決定將他們切成兩半，而後阿波羅（Apollo）又將他們的肉體擰起來固定在如今的肚臍處，又把他們的頭給轉過來，讓這些剛分開的人類可以看到彼此。結果這些人立刻緊緊相擁，拒絕分開。於是諸神說道：「這樣的話我們什麼也做不了。」於是他們拆散這群愛人，分至各處，將不同類型、不同性別的人都混在一起。不過，這也阻止不了他們重逢的願望：他們想找到另一半的心依舊強烈，在他們努力尋找彼此的過程中，建立起了城市與文明。這還真是佛洛伊德理論的基礎，在他看來，所有的文明都是都是未被滿足的性慾昇華後的結果。

我們再次看到了諸神與人類的分離。只是在這則神話中，人類並不是諸神創造的，毋寧說，諸神是人類的兄長。你當然明白要怎麼對待這些兄長：那就是與他們互動時要小心謹慎，雖說他們無權使喚你。然而，你最好照他們所說的去做，以免吃虧。這種態度與《聖經》所代表的近東地區傳統十分不同，他們認為，上帝創造了人，使他們成為自己的僕人，並由他發號施令。

上述就是青銅時代古神話的三種版本。我認為它們很適切地說明了這些文化與神話的問題，也是我們即將討論的問題。

當你在使用**神**和**人**這類的術語時，你就得回答該對誰忠誠的問題：你是忠於上帝，還是忠於人類？在黎凡特地區，無論如何，人都被要求順服上帝。這種思想在亞伯拉罕（Abraham）綑綁以撒（Isaac）的故事裡就出現了，但在《約伯記》(Book of Job)裡尤其凸顯。在這個故事裡，上帝永遠的朋友，撒旦（敵對者）來找他，上帝驕傲地說：「你認識我的僕人約伯嗎？這世上有比他更好的人嗎？有誰比他對我更虔誠嗎？」

撒旦說：「你對他那麼好，那是應該的啊！給他一點苦日子，看他會怎麼反應。」

因此上帝說：「沒問題，我和你打賭。去吧！盡你所能地折磨他。」就如吉爾伯特．莫瑞（Gilbert Murray）說的那樣，這就好像你跟人打賭，無論對方如何激怒你的狗，牠都不會咬你一樣。[21]

我們都曉得後來這可憐的人發生了什麼事：家破人亡、房屋火災、牲畜死亡。他最終坐在一堆灰燼中，全身長滿膿瘡。然後他的朋友們（不知何故被稱為「約伯的安慰者」）向他說：「你一定是做了什麼壞事才會遇到這些事。」但他什麼壞事也沒做，他之所以遭到打擊，是因為他是一位好人。

這個悖論困擾了某些神學家，事實上這才是《約伯記》的重點。

約伯很堅持：「我沒有作惡，我是一個義人。」

最後，他要求上帝現身，上帝出現了。在讓這位可憐人遭遇這一切後，上帝有說「約伯！你表現得很好，我跟撒旦打了個賭，你知道吧」嗎？不，他沒說。他沒用任何委婉的方式修飾他的行為。他只是說：「你很強壯嗎？你能用魚鉤穿過海怪利維坦（Leviathan）的鼻子嗎？試看看！我可以。你是什麼東西？一條小蟲罷了，竟然還沒搞清楚自己的身分？」

此時，約伯說：「我為自己感到羞愧。」他放棄了自己作為人類的判斷，放棄了他的人性價值。他坦承吃了暗虧並表示屈服。

希臘人可不會做這種事。你知道希臘諸神若是不小心被逮到會是什麼下場嗎？平日希臘人給他們的尊敬在這時就都收起來了。當然，人要小心別觸怒他們，但這類尊敬更像是一種對政客的尊敬：因為某種原因你得順從他們，否則你就會被送進監牢，但你並非打從心底尊敬他們。

大概與《約伯記》同期，艾斯奇勒斯（Aeschylus）[22]也創作了他的劇本《受縛的普羅米修斯》(*Prometheus Bound*)，兩部作品幾乎同時。普羅米修斯所表現出來的是一種與約伯全然不同的理想典型。他代表了人性價值的肯定，並藉此否定諸神。他去天界盜火，將它作為禮物送給人類，從而被宙斯綁在一塊岩石上，他是個能真的把魚鉤穿過海怪利維坦的鼻子的好漢。幾位使者來到這位泰坦神面前，看他在岩石上被五花大綁，禿鷹每天都會來啄他的肝，使者們對他說：「道歉吧！宙斯會放過你的。」

普羅米修斯回答：「你去告訴他，我瞧不起他。讓他做他想做的吧！」當然，普羅米修斯能忍受折磨是因為他是一位半神，被賜予了洞悉未來的能力，但他依舊表現出肯定人類價值，對抗天神權威的態度。

看一下我們現代人的狀況吧！週一、週二、週三、週四、週五、週六我們都與普羅米修斯同行。然後，安息日時，我們與約伯同行半小時。下週一我們又坐在精神科醫師的沙發上，試著釐清我們內心發生的事。我們擁有兩個截然不同的傳統，而大學老師和牧師告訴我們，兩者多少是能協調一致的，但其實不然。它們之間的不同猶如歐洲與近東的差別一樣大。

歐洲的傳統源於希臘、羅馬、凱爾特，以及日耳曼世界。其神話在中世紀的亞瑟王傳說以及文藝復興裡復甦。黎凡特地區的傳統則源於《舊約》、《新約聖經》（New Testaments）以及《古蘭經》，其特徵是權威與伊斯蘭，也就是我先前指出的：順服。

這兩者都與東方的神話傳統很不同。我們經常認為伊斯蘭教在某種程度上是東方的文化，但它不是，它屬於那條廣闊的形上學分界線的西側。

✶光的神話

如我所說，青銅時代的文明是在西元前二五〇〇年左右傳入印度次大陸。在那時，有兩座城市突然出現在印度河流域：摩亨佐．達羅（Mohenjo Daro）以及哈拉帕（Harappa）。在歐洲，這大概是克里特島的米諾斯文明興起的時候。這兩個文明幾乎同時出現，它們的符號本質上也很相近。那時印度文明的書寫系統我們還沒有破解，[23]不曉得該怎麼讀，但我們卻在挖掘出來的印章上找到了大量的象徵性圖案。

第一個是公牛，這對全世界的神話來說都是很重要的圖案。公牛的角與月亮的角是等同的。天空中的月亮代表死亡與重生。它自身就帶有死亡的因素，但月亮的原則也代表戰勝死

圖 1：印度河流域出土的印章，約西元前2000年。

亡的生命力。公牛象徵著月亮的特質，因為月亮是與祭祀有關的星體，所以公牛也成為祭祀用的動物。

另一種能擺脫死亡的動物是蛇，牠會蛻皮再生，因此蛇跟公牛一樣，成為與月亮相連的象徵，象徵著死亡與重生。蛇的動作流暢，生活在水域，緊貼地面而行，伸出來的小小舌頭像是火焰，彷彿裡頭藏著火種一樣，水中的火可以帶來肥沃、豐饒與生命。

太陽的象徵與月亮相反，耀眼的光芒從不消失。無論太陽去到哪裡，光芒必定隨之。就像太陽會烤焦植物一樣，直接曝曬在其光芒下也會讓生命消亡。因此太陽的直射光與月亮的反射光，這兩股力量的互動共同調節著生命。這是神話的重要主題之一。

如同公牛代表月亮，獅子則因其臉孔有著太陽般的長相而代表著太陽。如同太陽撲向月亮會使後者死去（也就是新月會消失在太陽光下），獅子撲向公牛及鷹隼撲向蛇也是如此。

這些基本的神話配對表現出兩種永生的形式。一種是死亡後再復生的永生。

那是父親的世界，在許多文化中，祖靈會住在月亮上。另一種永生形式則是穿越金色的太陽之門，並不再返回：他們的肉身在太陽這一邊被燒成灰燼，而靈魂則去到了太陽的另一邊。

因此，轉世的原則也有兩種：第一，人穿上肉體之後又將其褪去，如同月亮穿脫其光明身；第二，是永不消亡的直射光，它化身為萬物，並隱藏在萬物之中。

東方高位文化的宗教目標之一，就是**了解人的本質即是太陽光**。

有一次我對一群青少年演講，我絞盡腦汁想找一個能說明這個概念的合適比喻。我抬頭尋找靈感，然後它真的來了。我請他們抬頭看看天花板上的電燈，每個燈泡都在發光。我們可以將它們視為許多個別的燈泡，這就是月亮世界的多重實體。另一方面，我們也可以聚焦在眾多燈泡所匯聚而成的單一光源，這就是太陽意識。我們的焦點放在哪裡？是單一的整體光源，還是個別的燈光？哪種觀看方式才是對的呢？如果有個燈泡破了，我們就換上新的，是燈泡重要，還是光比較重要？接著我告訴這群男孩子：「現在我從這裡往下看，我看到你們的頭就好像燈泡那樣，裡頭裝著意識。重要的是什麼？是一顆一顆頭，還是裡面的意識呢？」

如果我們感興趣的是燈泡、是頭顱、是現象，那我們就會對個體抱持肯定的態度。在日本文化中，個體的世界被稱為「**事法界**」（*ji-hōkai*），或者「**個別世界**」（*individual universe*），由單一的整體光所構成的世界則稱為「**理法界**」（*ri-hōkai*），或者「**一體世界**」（*one universe*）。這只是談論同一件事情的兩種方式。[24] 東方的宗教目標是將你的焦點從現象界轉向超越。因此你不再把自己視為燈泡、大腦或身體，而是意識，你開始把自己看成太陽光那樣的存在，亦即康德所說的本體世界。你因此處於不生不滅的境界。

再下一步，人就會發現，意識與個體並沒有區別。它們只是看待奧祕的兩種方式，這就是所謂的「**理事無礙**」（*ji-ri-muge*）：意思是個別性與普遍性兩者沒有差別。來到超越意識的最後一步則是「**事事無礙**」（*ji-ji-muge*）：亦即個別性與個別性之間沒有差別。人人都乘坐業力而來，一條人人都在上行走的普世之路。我們都是同一個偉大存在的不同顯化。

這就是「花環經」（Flower Wreath）的教義，它又稱作《華嚴經》（*Avatamsaka*）。在這部佛經中，整個宇宙被描述成一張由各種寶石縫綴而成的巨網。每個連接點上都有一顆寶石，反射著其他所有寶石的光芒，同時它的光芒也被其他寶石所反射。這裡強調的重點是對其他光芒的反射，而不是個別的寶石。這個關注重點的轉移也隱藏在太陽與月亮的神話中。隨便找一張煉金術的圖畫或者東方的畫像與唐卡（thangka），你就會看見上面兩個角落畫著大小相同的太陽與月亮：那時你就會認識「事」與「理」兩大原則的身分。而這就是所有東方宗教的核心想法。

永遠燃燒的火祭 25

✴《吠陀經》

印度河流域文明或者達羅毗荼文明繁榮了一千年之久，大約是西元前二五〇〇年至一五〇〇年左右。摩亨佐．達羅與哈拉帕都是磚造城市，擁有十分精密的衛生系統、水井以及其他設施。它們的布局相當呆板，裝飾也比較簡單。令人好奇的是，在一九二〇年代的發掘過程中，考古學家並沒有找到神廟。但他們確實發現了一間大型的浴室。當人們思考沐浴行為在現代印度的宗教生活中所扮演的角色時，這間浴室就變成了一個重要的證據。這表明印度的宗教傳統具有連續性，可回溯至《吠陀經》（*The Vedas*）寫成的時代之前。如我們將看到的那樣，這部偉大的宗教文獻似乎成書於西元前一〇〇〇年。

這兩座城市都非當地人所建。幾乎可以肯定，它們是伊朗高原的移民者來此建立的農耕地，為的是開發這片擁有豐富自然資源的土地。城內幾乎沒有藝術品，移民者似乎是十足的物質主義者。考古學家只找到少量的小塑像，而同時代的埃及、美索不達米亞以及克里特島，都已擁有了燦爛的藝術。

主要的象徵性紋飾是在為數眾多的小型印章上找到的，主要用在信件與契約上的簽名。

這些為數不多的圖像確實為我們提供了印度河流域文明的神話世界。這些印章上最吸睛的圖像就是公牛，那就是今天你在加爾各達的街道上散步時會看見的相同的公牛，牠們的角上裝飾著鮮花。牠就是南迪（Nandi），毗濕奴的夥伴。這也是在埃及被視為等同於歐西里斯（Osiris）[26]的公牛，他是一位死後又復活過來的神。同樣地，牠也是一頭具有月亮屬性的公牛，代表著能夠創造各種生命形式的神聖能量。

藉由對同時期文化的比較研究，我們發現公牛角和月亮的角是同一件事。月亮象徵著死亡與再生的循環，永恆的輪迴。月亮仍然是死亡與復活之神的崇高象徵。即使基督教的復活意象也包含了這個象徵在內：基督在墳墓裡待了三天，好比月亮也有三天的黑月。復活節的日期通常也都與滿月有關。[27]

月亮也可被視為盛滿甘露的酒杯，反覆倒空後又注滿。赤道地區的太陽十分毒辣，會將植物曬乾。但夜晚時，月亮會送來甘露，也就是*amrita*，這永生之水會使生命再次復甦。當然，月亮總是保持倒空之後又重新注滿的穩定狀態，你每個月都會見到它變成滿月，隨後又將其甘露灑向大地，並再次注滿。

達羅毗荼文明印章上出現的另一個象徵是長著心形葉子的樹。在美索不達米亞，它被稱為「生命之樹」。在印度，它是菩提樹，也就是佛陀曾在其下靜坐參道的樹，佛教將它稱為「不動點」（immovable point），那個中心點，也就是環繞著永恆運動的漩渦中心。

最後，我們還在印度河流域文明發現了一個從未在西方出現的符號，也就是一位靜坐的瑜伽士，他身邊有動物圍繞，其形象與濕婆驚人地相似。

他的頭上戴著一頂碩大的頭飾，配備著兩隻角，與中間的物品形成一個三叉戟的圖樣。他長著三張臉。這是我們目前所見到的第一個靜坐瑜伽士的形

圖2：生命樹的主人，蘇美，西元前2500年。

圖3：動物的主人，印度河流域文明，約西元前2000年。

象：蘇美或埃及都沒有類似的冥想瑜伽士形象，毫無疑問，這是一個印度的母題（motif）。

一起被發現的還有為數眾多精美的小型舞者雕像，其中一個是青銅像，其餘則是石像。有一尊男舞者的雕像再次讓我們聯想到跳舞的濕婆（當然了，除了他只有兩隻手而非四隻手以外）；另外一尊美麗的青銅像是一名戴著大手鐲的纖細女孩，她舞姿輕快，令人想到**德瓦達西**（*devadāsī*），也就是負責跳舞的女祭司。我們知道在古代的美索不達米亞的一些儀式中，舞女祭司扮演重要角色。這些大量證據說明埃及、美索不達米亞與印度這三個文化的傳統具有連貫性，同時也為印度文明畫出了明確界線，印度河流域中還發掘出很多這類的證據。

這個非常古老的達羅毗荼文明確實與瑜伽有某種形式的關連。

接著，大約在西元前一五〇〇年，吠陀雅利安人從北方席捲而來。他們是希臘多利安人（Dorian）與阿該亞人（Achaean）的旁支，這場入侵與希臘人進入克里特島並征服當地文明同時期。

如果你讀過《荷馬史詩》，就會對雅利安人的風格印象深刻。他們是四處游牧的戰鬥民族。早期的達羅毗荼人是城市民族、貿易民族與農夫。相反地，雅利安人的主要經濟來源是他們的牲畜。看起來似乎是雅利安人設立了婆羅門（*brāhmaṇa*，巫師—祭司階層），以及戰士階層的剎帝利（*kṣatriya*）。這兩個階層的人團結在一起，代表著征服者的傳統。所以這裡有兩層社會體系：位居上層的雅利安人婆羅門與剎帝利，以及位居底層的本土商人（*vaiśya*，吠舍）與農民（*śūdra*，首陀羅）。這使印度社會產生了前所未有的壓力，這兩大階層的長期互動也就此展開了。

了解印度雅利安人思想的主要證據是一系列描述印度眾神的聖歌：《吠陀經》（印度人喜歡說《吠陀經》包含了十萬聖歌，歷史有兩萬年之久，但這類說法沒有依據，從世界史來看它的歷史相對算晚）。「吠陀」的意思是知識，它是神聖真理的知識在世間的顯現。

你知道的，希臘人有各種祭祀儀式。他們會建造祭壇焚燒獻祭物，將宰殺後的動物分享給眾神。這個場景也同樣出現在吠陀時代的祭祀儀式。你若是定居民族，你會崇拜石頭、樹木、池塘的神聖性。但若你是游牧民族的話，你會崇拜的對象就無處不在了：浩瀚的天空與光、捲動的雲與風、遼闊的大地或你祭壇的火焰。婆羅門，也就是這群戰士的巫師或祭司，就像《伊里亞德》（*Iliad*）裡的卡爾克斯（Calchas）[28]，他們在各處都建立了祭壇。他們模仿宇宙的形式，以象徵性的方法建造祭壇。祭司會緩慢地將酒倒入火中，火焰就是神靈阿耆尼（Agni），他是眾神的嘴巴，會消化一切祭品再將其分贈給諸神。祭司會祈請眾神來參與祭祀。祭祀時所唱的讚歌就是吠陀，這部神聖典籍的內容就是祭司們從宇宙之歌中聽見的祈禱。

所以，建造一座祭壇，再由祭司吟唱聖歌，在儀式中連結眾神，接著眾神受到讚美，祭肉也分享給他們。但接下來的美妙想法才讓雅利安人被徹底轉變為印度人的思想，那就是，既然我們藉由祭祀來影響眾神，那就表示**我們和我們的祭祀比眾神還要強大！**這點是希臘人從未想過的。世上存在著兩種神：有像因陀羅那樣的神，另一種則是婆羅門。如果你想問哪個更厲害一些？那答案是婆羅門。祭司因此被置於宇宙的頂層，人類也同樣被置於宇宙的頂層。世上沒有任何一種力量比完美而尊貴的人類還偉大。

諸位請聽，我的兄弟們：

人是真理之上的真理，

沒什麼比人更崇高。[29]

這就是讓叔本華（Shopenhauer）及其他十九世紀西方哲學家顫抖的詩。

因此，當這些雅利安祭司認識到祭祀能將神靈帶來他們面前時，祭祀就比眾神強大，因此祭祀行為得到了強調。祭祀變成一件極為重要的事，例如點火和祭祀的巫術。祭祀的細節也與宇宙或心靈的細節相關：這構成了一個三重的類比。例如，太陽對應眼睛，而眼睛對應著火，吹入火中的微風則對應著呼吸等等。這些類比暗示著，小宇宙、大宇宙與祭祀之間存在著某種聯繫，祭祀本身則是專注的核心點與核心象徵。

祭祀產生的能量被他們稱為「梵」。

✶ 榮耀之臉

依目前所知，若以進化論的方式解釋這些思想進程，「梵」的起源最早似乎與祭祀有關。祭祀工具的操作是一項神奇的轉化過程，有一套文獻很細緻地描述了整個過程。眾所周知，《婆羅門書》（*Brahmanas*）就是以這種方式來解釋《吠陀經》的義理。這些精心撰寫的神學散文可謂是對神聖讚歌的一組舞台指示。

當時的刹帝利國王資助婆羅門的祭司與祭拜儀式。祭祀是一件很繁複的工作，包含許多祭司同時以默背的方式吟唱冗長又複雜的讚歌。哪怕最輕微的錯誤或發音的失誤都會破壞祭祀過程，整件事就得從頭來過。這麼複雜的工作當然需要王室的支持才能維持。

但後來出現了所謂的森林哲學家（forest philosophers）這樣的異端運動。大概是在西元前八世紀左右，他們似乎形成了「梵」的思想，它的能量就是祭祀的能量，這股能量也存在於眾生之中。

這場運動帶來了《奧義書》(Upaniṣad)這部偉大的文獻，內容是具印度傳統的柏拉圖式對話，裡頭詳細探討了終極力量的來源。它源於太陽嗎？源於祭祀嗎？心智？還是情感？最後他們發現，寓居於眾生、太陽以及萬物之中的能量和活在祭祀中的能量是一樣的。

這個觀點威脅了祭祀活動，貶低了後者的必要性。在希臘的古典時代，哲學家打破了宗教的束縛。但在印度，兩者還綁在一起。從那時開始雙方就展開了有趣的互動，來回地相互滋養。

現在的問題在於，是什麼推動了這樣的發展，讓雅利安人的祭祀轉化成為冥想？答案似乎跟摩亨佐．達羅與哈拉帕的早期傳統所出現的復甦有關，就如我們在圖3裡看到的那樣，印章上有一位端坐的瑜伽士。有足夠的理由使我們相信，印度在歷經雅利安人八百年的統治之後，其政治力已經喪失權威，族群通婚與早期傳統的復興，使兩個文化傳統產生了融合。自此之後，印度哲學成為了雅利安文化與達羅毗荼文化的混合體。

現在的問題是，印度傳統裡有哪些部分屬於達羅毗荼文化，又有哪些屬於雅利安文化的遺產？我們知道雅利安人和希臘人一樣，並沒有早期佛教、印度教或猶太教那樣的棄世傾向。他們的生活態度是生命力旺盛的、積極的入世觀。他們追求的是健康、長壽、六畜興旺與兒女成群。印度河流域發現的靜坐瑜伽士圖像章，似乎暗示著瑜伽冥想文化屬於一個更古老的傳統文明。

這種否定塵世的生活態度源於何處？我們必須回頭審視整個祭祀的理念。既然祭祀是宇宙的祕密，那祭祀的本質是什麼？祭祀的本質是將祭品丟入火中，祭品就是神的象徵，它本身就是神。印度人將之稱為蘇摩（*soma*）。這是一種醉人的飲料，就像希臘人的酒那樣，都是由植物中提取出來的。那植物會因月亮灑下的甘露而恢復生機。月亮就是天空上的公牛。這就好像把公牛的神聖生產力倒入火中。接著你把食物放入嘴裡吃掉，你體內的火就會消化食物，就像火神阿耆尼消化了蘇摩一樣，因此飲食也變成了一種祭祀。

將祭品餵給火，或者將生命餵給生命，這兩種消化的形式是完全一樣的。待你死去後，你也會被投入火中，不論是投入火葬場還是投入蛆蟲、禿鷹或鬣狗的肚子裡。曾經是阿耆尼的你，現在成為了蘇摩。阿耆尼，也就是火，他當然也是一位神。現在我們得出了酒神戴奧尼索斯式的理解：整個宇宙就是一場永遠燃燒的火祭，永不熄滅、永不枯竭、生生世世。

一旦明白此點，人會有兩條路可以選擇：對這個恐怖的世界說「是」，或者對它說「不」。如果你打算說「是」，你就肯定了這個世界的模樣。如果你選擇說「不」，那你就轉身背對世界。《聖經》裡頭有個源於波斯的傳統，那就是認為世界原本是好的，但後來墮落了，而它會慢慢修復。不過東方世界並沒有這種觀念，他們認為你可以選擇參與這場遊戲，或者退出。

有一則關於濕婆的故事是這樣的。有一天，某隻怪獸來到他的面前，牠對濕婆說：「我想要你的妻子當我的情婦。」

這個要求未免有些無禮。那意味著意識想要取代自性的角色。因此濕婆在震怒之下張開了他第三隻眼，那是一隻超越意識之眼，一道閃電劈向了大地，砰的一聲！煙塵瀰漫各處，當煙霧散去時，一頭飢餓的怪獸出現了，牠是來吃掉先前那頭怪獸的。

第一頭怪獸現在陷入了極為不利的處境。如果換作是你，一定知道最好的方法是請求天神的原諒。所以那頭怪獸趕緊這麼做了。神的遊戲規則是這樣，要是有人想請求他的原諒，他就得原諒。

所以濕婆告訴那頭無禮的怪獸：「我決定原諒你。」又告訴另一頭怪獸說：「不要吃牠。」

「不過，」第二頭怪獸說：「我現在很餓。這附近沒有其他可以吃的東西了。」

濕婆說：「我看見可以吃的東西了，我看見了你。你何不吃了自己呢？」

因此怪獸開始吃自己的腳，並一路往上咬。最後除了臉的上半部外都給吃個精光，連下顎也沒留下。那是生命本質的完美意象，生命的本質就是自我吞食。這是生命之惡的意象。看見此情此景的濕婆深受著迷，說道：「你太令人驚嘆了。我要稱你為榮耀之臉，*Kirtimukha*，你將被放在我的神廟中。凡是不能對你說『是』的人就不配接近我。」如今你會看到這個象徵被安放在濕婆神廟的入口。同樣的圖像也在佛寺中使用，用來代表整個世界以及它對自身的吞食。

那道大門是通往超越的入口。

這就是對世界本質的絕對肯定。問題的核心在於你得讓自己和世界的本來面目保持一致，而不是你期待的樣子。

圖4：上方刻著榮耀之臉的石碑，約西元12世紀。

死亡與燃燒會孕育出生命，這樣的基本觀念隱藏在印度的傳統祭祀儀式中。如果我們順著這樣的邏輯往下走，就像印度人通常會做的那樣，我們就會得到這個想法：既然火就在你身內，那還要婆羅門做什麼？且走進森林，坐下，向你之內找尋。因此森林哲學家誕生了。

偉大的《奧義書》時代就此開始，而我敢說，它是世上最傑出的宗教文獻，大概成書於西元前八世紀。那時發生了什麼事？達羅毗荼文化的瑜伽思想在雅利安人來到之前還不存在，現在則開始和雅利安傳統相互融合。兩類族群開始了交流，並帶來了一個影響深遠的問題。我們要如何協調這兩種不同理想（也就是法與瑜伽）在美德、社會，以及為人處世的思想衝突呢？

活躍於西元前五六三年到四八三年的佛陀，就面臨著當時的社會氛圍以及衝突的危機點。佛陀並非婆羅門，他是出身於武士領主階層的剎帝利。在《奧義書》中可以找到這一時期的文獻，探討這場思想上的衝突。最古老的《奧義書》顯示，婆羅門一開始並不曉得瑜伽的內容。他們是從偉大的國王那裡學得教義的。

有個小故事說明了此點。一位婆羅門前去教導國王，國王對他說：「你教吧！」接著婆羅門開始授課，國王說：「你說的這些我都知道了，我全知道了，全部知道。」

於是國王將他帶到一個睡著的人面前，讓這位婆羅門對著那個睡著的人講課，那人什麼也沒回答。國王把他踢醒，而後對那位婆羅門說：「當這個人在睡覺的時候，他能聽得懂嗎？」

現在你明白故事的意思了，那就是人生如夢，如我們將要看到的神聖音節 *aum*（唵）一樣，它也探討了相同的哲理。它源於這片土地的原住民，早於雅利安人到來之前，如今我們所崇敬的印度偉大教義正是由此發展而來。

第2章

靈魂的旅程

印度的神祕主義傳統[30]

勝王瑜伽：脈輪之蛇

印度在《奧義書》時期發展出它們最重要的神祕主義傳統，它是以佛教、耆那教，以及印度教為基礎修正而來。這個思想被傳入南亞、中國，以及日本，並因當地的情況與需求而有變化。如果仔細查閱偉大的佛教國王阿育王（Aśoka）時期的編年史，人們甚至可以找到它與希臘化時代的新柏拉圖主義，以及與西方早期諾斯底式基督教的關連。[31]但東方神祕主義的基本傳統還是瑜伽。

瑜伽（*yoga*）一詞源於梵文字根*yuj*，意思是連結。在瑜伽中，我們會試著將自己的意識與意識之源相連結，至少理論上是這樣。從這個觀點來說，我們每個人都是意識的工具，就好比演講廳裡的每個電燈泡都由電力操縱一樣，我們每個人也都是由意識所操縱的。不僅只有我們是工具，每個動物，甚至每棵樹、每個結晶體都是工具。哪裡有意識，哪裡就有知覺。例如植物向著太陽生長，用印度人的話來說，那也是意識的一種顯現。

人是如何讓自己的心靈認同意識，並達到融為一體的狀態呢？有一部被稱為《瑜伽經》（Yoga Sūtras）的經典作品，梵文的 *sūtra* 和英文的 suture 有關，是醫師用來縫合的細線。本書直譯為《瑜伽之線》（*The Threads of Yoga*），它是指向這門神祕技藝的線索。經文中的第一句格言如下：瑜伽是刻意停止自發性的心靈活動。

在所謂的心靈粗糙物質中，有我們如今稱為電力的事物在此運作。在印度傳統中，這被稱為微細物質，是一種能量形式，它總是處於持續的活動狀態。而瑜伽的目標就是使它不要這麼活躍。

這個觀點認為，這類物質包含著我們所見事物的所有形式。我們之所以能見到彼此，正是由於我們的心靈內有某種東西存在著外在事物的形式，也就是能感知到外在現實的內在模型。困難之處在於你無法讓它保持不變。試著將你的心固定在一個意象或一個念頭上一分鐘。你可以看著自己的手錶說：「我現在要專注在某個念頭上，直到秒針走完一圈。」你立刻會發現自己出現各種雜念，你的心智不停在運轉。這些念頭或許跟你想專注的念頭有關，但它們不是那個念頭。那不是「一個」念頭。

讓心靈保持平靜的意義在哪裡？有個類比的意象是，風吹過池塘的水面產生漣漪。當風吹過水面造成漣漪時，你只會看見周遭事物破碎的倒影。水面靜止後，你就會看見原本破碎的完整影像，或是雲，或是周圍的樹。你甚至會看見水面底下的事物。突然間，你會見到先前被粼粼波光所攪碎的真實形式。

瑜伽認為，你的本質與萬物之形（也就是梵）保持著同一，但你卻將自己錯誤地視為閃爍於表面的破碎影像。只要想想：這些美好的形式在那裡，而不斷流變的反射在這裡，你卻將自己認同於後者，而不是隱藏在反射底下的真實形式。當水波泛起漣漪，你看著倒影想：噢！我來了，噢！我又不見了。但破碎影像所反射出的你卻一直真實存在著。

因此當我們練習瑜伽時，就是在讓內心的池水保持平靜。在印度的中古時代晚期，也就是笈多王朝，大約四到六世紀，一個人稱「勝王瑜伽」（*Rāja Yoga*）的偉大系統發展了起來。它們把靈性能量的概念視為一條盤繞起來的蛇。這條母蛇被稱為昆達里尼（*kuṇḍalinī*），意思是「盤繞者」。它盤繞在脊椎底部，位於尾椎的位置。這派思想認為，人的靈性在一生多數時間都處於沉睡狀態，因此昆達里尼蜷曲在我們的脊椎，缺乏靈性力量的刺激。勝王瑜伽的目標就是要為這條蛇注入能量，使它能從脊椎上升到頭部，讓這條蛇的能量激活整個人，我們的心靈才能完全綻放。[32]

脊椎被描繪成一棵樹，上頭有七個被稱為「脈輪」（*Cakras*）的中心。這些脈輪位於脊椎上的特定部位，對應著主要的內分泌系統。第一個脈輪（這些脈輪通常也稱為蓮花〔*padmās*〕），位於脊椎底部，這裡也是我們小蛇的力量開始匯集的地方。

瑜伽士要挺直端坐，專注於特定的念頭，發出特定的音節，並以特定方式呼吸：先用一個鼻孔吸氣數次，屏息片刻，接著再用另一個鼻孔吐氣。這是一項極富挑戰性的身體與精神操練，藉此喚醒蜷縮在脊椎底部休息的那條蛇，使它能開始沿著脊椎向上爬。

十九世紀有個偉大的印度聖人名為羅摩克里希那（Ramakrishna）[33]，他是一位懂得操控昆達里尼能量的大師，他的學生問道：「大師，昆達里尼開始在脊椎攀升的時候是什麼感覺？」

「嗯，」他說：「有時像螞蟻在爬，有時像老鼠在跑，有時則像猴子從一朵蓮花跳上另一朵更高的蓮花。」

接著他們又問：「大師，這朵蓮花長什麼模樣？下一朵蓮花和其他蓮花又長什麼模樣？」於是他讓昆達里尼從下方的脈輪開始向上攀爬，一邊體會一邊評論，但每當來到喉輪的時候，他就會陷入昏迷。

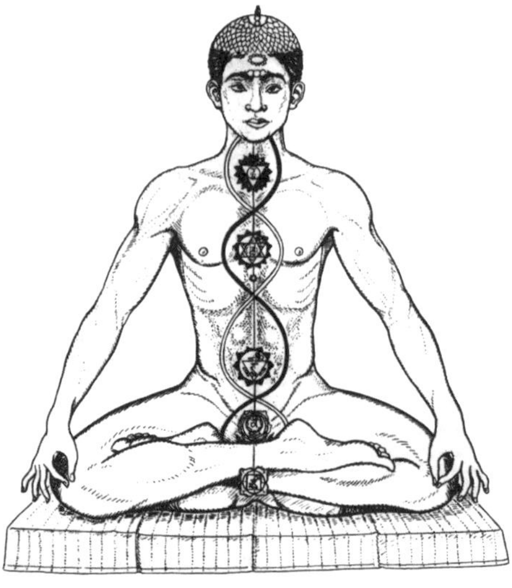

圖5：昆達里尼的路徑

這可不是什麼莫名其妙的主題。近來我對思覺失調與精神病的研究相當感興趣，當人們喪失意識，意識自我無法將自己維持在意識世界時，就會滑落到心靈的深淵。我很久很久以前就發現了，佛洛伊德、阿德勒與榮格在描述人們墜落心靈深處的領域時所提到的內容，竟與瑜伽的經驗如此接近，我為此深感著迷。精神病學家在近幾年來寫下了許多的材料，但他們並不了解瑜伽。而他們所撰寫的報告以及人們在精神病人的日誌上所閱讀到的內容，與瑜伽的經驗都有相似的點。

我曾經和一位重要且頗具聲望的精神病學家深入討論過神祕主義、瑜伽，以及精神病這樣的主題，如果我沒誤解他的觀點，瑜伽與精神病兩者應該是相同的。某種程度上，瑜伽士經驗到的是精神病的情況，但他卻未落入潛意識（subconscious）[34]的深洋，而一般的精神病人則會因此受困其中。當我們在描述精神病與瑜伽士的經驗時，我們談的是同一片大海、汪洋，以及相同的危機體驗。精神病人在裡頭溺水，但瑜伽士卻在那裡游泳，溺水與游泳兩者是不同的。

所以我要跟大家說的就是這片水域，或者這片曠野，如果你比較喜歡後者這個意象的話。某天，你的某個朋友或你本人可能也要穿越這片水域，無論是刻意為之還是罹患精神疾病。這不是什麼異國的怪談，而是與我們息息相關，正如英國精神病學家連恩（Laing）在其著作《經驗的政治學》（*The Politics of Experience*）[35]中提到的那樣，我們這個時代，每十個人就有一個人會經驗到精神崩潰。此外，榮格也宣稱，精神療養院每收容一個病人在內，外頭就有十個精神病人在街上行走。所以我敢說，我的讀者群就有這樣的病人，而我現在可能就在跟其中一位病人說話。

所以，這就是一份地圖，一份能帶領讀者從此處到彼處，然後又安然返回的地圖。

我不比羅摩克里希那，未曾達到那個境界，所以我能夠在不昏迷的情況下報告那上方的脈輪。當然了，我是根據他人的報告來介紹，但我會盡量為各位說明昆達里尼醒覺之旅的全貌。

人體內的第一個脈輪稱為根輪（*mūlādhāra*），意思是根基。蛇在此脈輪盤繞，躺在脊椎底部一動也不動。此時的蛇好比一條龍。我們都曉得龍的特徵，至少，是西方龍的特徵：牠們住在洞穴，裡頭藏著許多黃金，洞穴中還囚禁著一位美麗的女孩。牠們無法對寶藏或少女做任何處置，只能將他們軟禁（hold on）在洞裡。這些龍就好比圍繞第一脈輪而活的人那樣，他們的生活基本上就是圍繞在掠取、留住權力與沒有生命的生命，他們的生活沒有一點激情與歡樂，也毫無活力，這樣的人將自己活成了憂鬱而固執的存在。位於根輪的昆達里尼，其本質就像狄更斯（Charles Dickens）著作《聖誕頌歌》（*A Christmas Carol*）裡頭，還未遇見三個鬼魂展開奇妙旅程與轉化的吝嗇老頭史庫奇（Scrooge）。我希望你們沒有認識這樣的人，但我有。

瑜伽士的目標是促使昆達里尼開始活動，從脊椎底部的巢穴爬出，直到與世界之主，也就是在頭頂王冠處等待的第七脈輪（*sahasrāra*，頂輪）合一。

〈醒來吧！母親〉這首虔誠的孟加拉歌謠這麼說：

> 醒來吧，母親，醒來，
>
> 您已睡了這麼久

沉睡在根輪的蓮花中！
去實現妳的祕密任務：
攀升到頂輪，
那是偉大濕婆的居所！
迅捷地穿越六朵蓮花，
噢！您是意識的本質，
請帶走我的悲傷！[36]

甦醒的昆達里尼現在開始通過脊椎的通道，也就是「中脈」（*suśumnā*）。第二個脈輪位於生殖器，稱為「生殖輪」（*svādhiṣṭhāna*）[37]，意思是「她最愛的住所」。這是完全以快樂（*kāma*）體驗為中心的脈輪。當人的精神能量運作於這個層級時，他的內心就會完全是佛洛伊德式的。性是他唯一的目標，也是他最大的挫折來源。

當昆達里尼繼續向上，就會來到肚臍或胃部。這個脈輪稱為「太陽輪」（*maṇipūra*），意思是「閃耀珠寶之城」。它的嗜好是消化每件事，主宰每件事，吃掉每件事，將之轉為自己的肉身。畢竟，這裡是胃部的脈輪啊！當能量集中於此處時，人的內心就完全是尼采式或者阿德勒式的。人會想消化或主宰每件事，他會被權力意志驅使。這個層級是由權力（*artha*）原則所主導，想出人頭地的驅力在此集中。

許多人都活在第二或第三層級中，這是一種快樂或權力原則。一般而言，佛洛伊德心理學認為，性驅力為生命的主導動力。而阿德勒心理學則認為，權力意志才是生命的主導動力，其他的驅力則是權力意志的昇華或變形。印度人也這麼想，快樂和權力都是人類的主導動力。這兩者都是由更深層次的、猛烈的生存意志所變化而來，但當能量來到第二與第三個脈輪的層級時，人就會感受到生命的活力與動力，以及歡樂與痛苦。活在這兩個脈輪中的人是外部導向的，他們必須從人際關係或者其他的外部事物得到滿足。活在第二脈輪中的人比較重視性慾，活在第三脈輪中的人比較重視征服與鬥爭，無論是軍事、財務或者性愛皆是如此。榮格把這樣的人稱為「外傾型」（extroverted），他們的性格比較外向。

現在已經走過了我們生命旅程多數時候的重點，然而我們還有四個層次沒有經歷過。

脈輪的第四個層次相當有趣，它是心臟的層次。你們都知道羅馬天主教，其耶穌像上的心臟是裸露在外的，被稱為聖心（the Sacré Cœur）。正是在心臟的層次，人們才開始進入更高的原則，例如藝術與精神，不再只關注經驗與外物。一旦昆達里尼上升到這個層次，就會如華茲華斯（Wordsworth）所說的那樣，人會開始經驗到：

崇高的感覺
某種更為深刻交織的事物
其居所在落日的光輝，
圓形的海洋與新鮮的空氣，
藍色的天空，以及人的心靈。[38]

我們會深受觸動，並起身尋求。據說神是在心臟的層次與信徒相遇的。也就是說，神自高處下降，信徒則從低處攀爬。其標準的象徵是兩個正三角形，一個在另一個的上方，西方人將它稱為「大衛之星」[39]。另一個比較常見於東方圖像學中的意象是兩個腳印。那是神的足印。或許你曾見過佛陀的足印，那裡都會有「法輪」(*dharmacakra*)的符號刻在腳印中間。你若去耶路撒冷，就會見到穆罕默德的升天處也有一塊留有他足印的石頭，雄偉的阿克薩清真寺就圍繞這塊登天石而建。印度甚至還有幾座被稱為「毗濕奴足印」的小鎮，這是毗濕奴下凡留下腳印的地方。因此神會降臨到心臟層次：那裡安放著祂的足印。信徒必須以手碰觸祂的雙足。印度禮敬聖人或僧侶的方式之一，就是用你的手擦去他們腳上的灰塵。手的圖像也出現在許多原始的神

圖6：佛陀的足印，約西元前1世紀。

廟裡。如果回溯至西元前三萬年，在舊石器時代的祭祀洞穴中，我們也可以找到信徒觸摸祭神之處的手印。

心輪的名字很有趣，它被稱為*anāhata*，意思是「非擊」（not hit）。全譯其文的話就是：非由兩件事物撞擊所發出的聲音。你可能聽過一則日本的禪宗公案：「一隻手拍手會是什麼聲音？」沒錯，就是那樣：非由兩件事物撞擊所發出的聲音。我們所聽見的每個聲音都是由兩件事物撞擊而來，我的聲音是風撞擊聲帶造成的，小提琴的聲音是琴弓摩擦琴弦造成的，海潮聲是水拍打在沙灘上造成的，其他聲音也是。那非由兩件事物撞擊所發出的聲音會是什麼呢？那就是梵的聲音，世界本身就是梵的能量的沉澱。就如愛因斯坦（Einstein）跟我們說的那樣，能量與質量是同一件事。這麼說吧！質量是能量在空間的投射，只要你願意，也可以說質量是能量在物質之中的沉澱。能量在轉為質量前的聲音，就是兩物還未撞擊之前所發出的聲音。印度人只要蓋上耳朵，就明白這個聲音是什麼。試試看，你也會聽見的。事實上，我們知道這個聲音其實也是兩物撞擊所發出的，它是由血液流經中耳旁的微血管所產生，你若不曉得，就真的會以為那是我們上面所提的那個聲音。

那個聲音就是「唵」（*aum*）。你或許曾聽過這個神聖的音節，這就是那個非由兩件事物撞擊所發出的聲音。梵文裡的 *o*，在發音時可被拆為 *a* 與 *u*。這就是人們熟悉的雙重母音。所以這個字可被寫成 *om* 或者 *aum*，這兩種寫法都看得到。當一個人發 *aum* 的音時，聲音是從口腔後方發出來的（*a*），然後聲音會填滿口腔（*u*），接著才把嘴唇合上（*m*）。正確發出這個音並不容易，但如果你能正確發音，那你就能發出人類所能發出的所有張口音。從這個角度來說，子音只是中斷這些母音。因此所有的字和它們的意義只是將「唵」這個音打斷後的變化形，就像我先前提到的池水，那些四散的反射只是宇宙偉大意象的破碎倒影。

「唵」就是上帝。它是化為聲音形式的上帝。我們經常把神聖想像成某種形式，某種能夠加以視覺化的意象。但人若能遇見上帝，就會發現「唵」是上帝所化的聲音形式。那是上帝的聲音，世界之主的聲音，世界就是由這些思想、存在與能量物質所沉澱而來。「唵」是道中之道（word of words），是我們在《約翰福音》中找到的太初之道，根據書中所說：「太初有道……道就是上帝。」[40]因為「唵」是世界之主，世上每件事與世事的每個角度，必然都被理解為包含在「唵」之中。為了了解這件事，我們必須用類比的方式來說明。

A是個悅耳的張口音，它和醒覺的意識有關，它是我們在睡醒之後去經驗事物的方式。但我們醒來後看見的物體並不是我們自己，也就是說，對主體的認識與對客體的認識是截然不同的。在此意識中，亞里斯多德的邏輯學支配著一切，它告訴你a不是b，我並非我所見。此外，我們所見的事物都被認為是由粗重的物質所構成，它們是沉重的實體，不是自明的（self-luminous），必須由外界來照亮。

U與夢中的意識有關，這個領域和醒覺意識極為不同。在夢裡，你是認識的主體，你看得見夢，但你同時也是被認識的客體。夢是你自身本質的顯化。儘管此段的主體與客體看似彼此不同，但並非如此。亞里斯多德的哲學因此不再管用，因為此時的主客體是相同的。進一步來說，夢中的客體實屬精妙，它們可以快速且毫不費力地改變外表的形式。除此之外，它們是自明的，你不須打開燈也能看見你夢中的事物。

M是無夢的深沉睡眠。這是神祕的領域。意識仍然存在，只是蟄伏，睡著的人依舊是有意識的，然而他們不曉得。就像前述那則《奧義書》軼事裡的國王對婆羅門所說的那樣，若是我們把睡著的人叫醒，意識會重新顯現，它會從夢境或醒覺這兩個狀態中浮現，但此刻在深層睡眠中，意識仍被黑暗籠罩。現在，讓我們思考那種無意識中的意識。它對任何事物都沒有覺知（conscious of nothing），換句話說，意識並沒有朝向特定的事物。那是與任何事物皆不起**關連**的意識，無論是對夢中或對現實的事物都是如此。

「唵」這個三音節的字還存在著第四個音節嗎？有的，那就是發出「唵」這個聲音之前與之後的靜默。構成這個字的四個音節也構成了世界：靜默代表著非存在，而「唵」則代表著存在。若是沒有對方，它們都無法存在。它們彼此相連。因此，當我們想到這個字的時候，其自身就包含了世界的全部奧祕。

然而，當你說「唵」這個字的時候，你發出的聲音還是由兩物撞擊而成的，不是非由兩件事物撞擊所發出的聲音。但透過念「唵」並反覆練習，你將能把心智朝向那非由兩件事物撞擊所發出的聲音。一旦你能聽見那個聲音，你就能在萬物中聽見那個聲音。聆聽城市的聲音、聆聽冰箱的聲音，聆聽它們時，勿將它們擬人化，也別去定義它們，那麼你就會聽到「唵」。當你聽見「唵」的聲音，由於它是來自你內心與存在的聲音，你將為之著迷。它會使你平靜，此後你無論在哪裡都能聽見。因此，再也不需向外尋找。你所尋找的事物就在此處，能在萬物之中聽見。想了解這個共鳴，就得抵達心輪。

一旦聽見了「唵」，人就會擺脫低等驅力的束縛並被引領向高處，彷彿觸及虛空。人此刻的本質已無可描述。而這裡就是自性，也就是「阿特曼」（*ātman*）的根基。它與梵是同一的。你會讀到「梵—阿特曼」，或者「阿特曼—梵」這樣的文獻，這兩者是同一件事。

在這個二元性的世界，阿特曼不斷地向內被提煉為個人的靈魂（*jīva*），然而靈魂所朝向的外在力量卻是我們的老朋友：梵。

昆達里尼來到這個層面後，便會專心一志地清除現象世界對意識的干擾，直接走向那個聲音，並與那聲音一致的意象靠近。第五個脈輪位於喉頭，被稱為「喉輪」(*viśuddha*)，意思是「滌罪者」，或「淨化者」。人們會努力消除阻擋在自己與純粹的「唵」之間的世俗干擾，或者消除人與神聖存在之間的塵世障礙。這是苦行之輪，僧侶戒律之輪。來到此層級的人會將其能量投注於宗教熱忱，將第三輪用於工作的驅力轉向自性，原先征服外在的習性則轉向內在，專注於內在世界。喉輪精準地對應了我們所理解的淨化概念，穿越此脈輪的通道猶如煉獄，人只有在此清除塵世的束縛，才能體會到終極的永恆。

這將我們帶到了第六個脈輪：眉心輪(*ājñā*)，也就是第三隻眼。這隻內在之眼能看見世界之主的終極景象，世界之主是那超越了人類的神性所化身的人類形象。神聖存在會在這裡以自我的意象顯現。靈魂，也就是梵的個體化身(它會返回源頭並一再轉世)，在此處凝視著上主，亦即自在天(*Īśvara*)，這在西方的術語裡稱為**天國**。靈魂找到了它正確的愛，位於雙腿之間的第二脈輪的情慾激情，也在雙眼之間的第六脈輪找到了它真正的目標。

對當代的西方讀者來說，可能會有點不安地發現，似乎在瑜伽的孤獨之路與愛人之路之間，最終沒有其他的選擇，而不論選擇哪一種路徑，表象世界都會被燒成灰燼捨棄。確實，這兩種瑜伽的目標最終都是一樣的；從傳統的東方觀點來說，無論走向哪一條，唯一重要的問題是能否從轉瞬即逝的現象界中了解永恆，就如滑過蓮葉與蓮花上的水珠。

此身之內流著恆河與亞穆納河（Jumna）[41]；
裝著普拉亞格（Prayag）和貝納勒斯（Benares）[42]；
裝著太陽與月亮。
此身之內，有全部的聖地：
眾神的寶座與途徑。
我不知道世間還有什麼值得朝聖之處，
或者安樂之地，
能比得過我的身體。[43]

中脈左右兩側的脊椎神經分別是女性與男性的能量通道，瑜伽士會調整呼吸把它們匯聚在一起。此外，昆達里尼這條盤繞之蛇的能量被視為是一種女性能量。在多采多姿的印度神話與神像學領域中，運動的能量（動能）往往被認為是由女性所代表，因此夏克提（*śakti*）的意思是能量、權能、能力、力量，這個詞也被認為是神靈的女神配偶，是男性的精神伴侶與妻子。而女性的生殖器約尼（*yoni*），則與男性的生殖器林伽（*lingam*）相對應。盤繞於根輪的昆達里尼就是神的夏克提，神住在頭部王冠的蓮花中，她要與他結合。她得沿著脊椎向上，像個帶著熾熱慾火的少女，穿越危險與誘惑的叢林，在自我實現中毀滅，又在毀滅中實現：這是一場對所愛之人的追尋。

同樣地，印度人認為完美的肉身是雌雄同體，既非男性也非女性，而是同時結合男女雙性。某些印度作品就表現出這個特點，例如濕婆半女像（Śiva Ardhanārī），*ardha* 是一半，*nārī* 是女人，此雕像的左側是女性，右側是男性（請參見圖 4）。為了體悟內在的自我理想，瑜伽士必須喚醒夏克提這股內在的全知力量，在誘惑的叢林中守護此力不致流失，並指引它前去位於頭頂的神靈，若是沒有夏克提，頭頂的神靈就會活得像一具死屍（*śava*），和生命的能量脫節。男性原則的象徵是渴望獨處、沉靜的，或許這是印度生活的模式。然而，當女人對著他輕聲訴說他們所能創造的諸多世界時，死屍變成了吉祥者濕婆。因此，濕婆—夏克提成為生命世界中意識與行動完美合一的象徵。

但還有另一種更明顯與自然的方式能達成濕婆—夏克提的聯合，那就是藉由性行為來完成：這裡不用再拿男神與女神來類比，因為男人與女人本身就提供了充足的形象與經驗。在印度藝術與文明的高峰期，性瑜伽，或者說譚崔（Tantric）瑜伽，不僅是最自然且最容易的修行方式，也是最有效的。因為飢餓與性慾被視為自然界最基本的驅動力，壓抑它們並不自然，而持續的壓抑則會導致疾病而不是昇華。非自然的限制不應強加在對真理的認識上，相反地，修行應該遵從自然所指出的方向。自然的力量不應消滅，而是加以強化，讓自然成為自己，這樣它們才會自行轉化，並帶來彼岸的啟示。[44]

男人會被其身體右側的陽剛性主導，女人會被其身體左側的陰柔性主導，雙方結合時的狂喜，即便是處於這偉大而高升階梯中最低程度的快樂，也是「大樂」（*mahāsukha*）的一種形式與徵兆，它就是存在自身的狂喜與本質。

此法的極端跟隨者，就是所謂的自然本然者／薩哈吉亞派（Sahajayas）認為，世上除了人以外別無神靈，而只要能擁有愛的力量，人就是神聖的。[45]

然而，在昆達里尼升到這一層時，靈魂與其所愛的上主依舊彼此分離。

在第六個脈輪，萬物皆是關係，是「我」與「你」的關係，是靈魂與所愛之人的關係。人在此處雖然能看見整個生命的神聖目標，但靈魂與對象之間依舊隔著一堵玻璃紙般的牆，但完美的愛裡不應該有牆的存在。

昆達里尼的終極目標是超越二元性——這是關鍵所在——而這只能由位於頭頂王冠的第七脈輪來達成，它叫頂輪（*sahasrāra*），意思是千瓣蓮花。一旦昆達里尼抵達了頭頂，分開靈魂與其愛人的膜就會跟著撤除，靈魂與其愛人也會一併消失。因為只要有客體存在，就表示還留有認知的主體以及雙方之間的關係。因此，隨著分隔膜的撤除，靈魂與上帝就消失了，合而為一，超越了二元性，超越了對立。

這裡我們只能用自己的語言，勉強將它稱為「同一」（identity）。但稱它為同一也不正確，因為它超越了所有的範疇。這就是我接著想說的，隨著昆達里尼越過了第六與第七脈輪之間那條神祕的界線，某種難以想像的事物發生了，也就是說，所有的現象與主體性都被超越。叔本華在《作為意志與表象的世界》

（*The World As Will and Representation*）中提過此點，他說：「願我們能夠了解一如何變成了多，無如何變成了有。」[46] 他將這個悖論稱為「世界之結」（world knot）。若是我們能理解它，就能理解一切，但它是無法被理解的。

身體、心智與心靈的瑜伽

我剛所談論的瑜伽之所以稱為「勝王瑜伽」是有原因的。它非常嚴格。事實上，因為練習勝王瑜伽相當費力，所以又發展出了準備性瑜伽，來幫助我們先行做好提升昆達里尼的預備工作。這個瑜伽稱為「哈達」（*hatha*）瑜伽，它是一種健身型的瑜伽，用來幫人增強身體的力量、協調性與柔軟度，修練者要練習以頭倒立、彎曲背部、劈腿之類的動作，不是為了得到啟蒙，而是為了打造強健的身體。有時哈達瑜伽被視為修練勝王瑜伽的預備階段，因為勝王瑜伽確實對體能的要求甚高，修習者預先健體強身是必要的，就像跑者要在比賽前做好體能訓練一樣。

諷刺的是，西方人學習的瑜伽多屬此類瑜伽操。你可能看過書裡那些可在家裡練習的瑜伽，有點像運動員的暖身操，它會教你做各種健身操。但我們認為哈達瑜伽並不是勝王瑜伽的預備，它有自己的哲學。

當然了，不是我們所有人都能轉身向內，接受勝王瑜伽那樣的心理訓練，也就是透過呼吸、特定姿勢以及冥想來提升昆達里尼。然而我們每個人都會活動，因此我們都能練習下面所提的行動瑜伽：履行你認為應當履行的責任，寵辱不驚，不期待也不恐懼事情可能為你與他人帶來的結果。這就是知名的「法瑜伽」（*dharma yoga*）。

這是一個令人敬畏的教義。東西方雖有類似的觀點，但雙方的重大差異表現在此：在東方，個人的責任是由社會賦予的，也就是說，社會會把一整套的責任強加在個體身上，並期待個人毫無怨言地接受它，無論那責任是什麼。

那就是為什麼在《薄伽梵歌》（*Bhagavad Gītā*）[47]中，克里希那（Kṛṣṇa）會在戰場上對阿周那（Arjuna）說：「你是一名戰士。」阿周那的人生目標是由「法」依據其社會階級所規範的。但在西方社會中，我們認為人有責任自我批評、自我判斷；每個個體都不僅是聽從他人指令的機器人，而是能意識、認知、批評和判斷個人行動責任的個體——這不是一個好軍人，卻是一位好公民。根據法瑜伽的觀點，人的意識身處什麼層級，義務也會有所不同，而我們的責任就是根據這條綱領行事，如此一來，你就是在踐行瑜伽之道。

我還想簡短地向你們介紹兩種主要的瑜伽。其中一種是哲學瑜伽——也就是思考這是一種非常不同於強調靜坐與呼吸練習的瑜伽。哲學瑜伽，或者說「明辨瑜伽」（*viveka*），它要求我們清楚分辨認知的主體與客體：我不是我的身體，我是我身體的認知者；我不是我的情緒，我是我情緒的認知者；我不是我的思想，我是我思想的認知者；我不是我的理想與目標，我是我理想與目標的認知者。可以這麼說，藉由此法，你便能將自己置於幕後。透過這樣的冥想，我們將自己從現象界中分離出來。而佛陀在此基礎上更進一步：他認為並沒有認知的主體存在，你連認知的主體也不是。因此任何有關你的形象都被從你身上剝離，你因此超越了所有的形象。這就是哲學瑜伽。在梵文中，它也稱為「智瑜伽」（*jñāna yoga*）。

然後還有另一種瑜伽，是我們稱為宗教類型的瑜伽。這是唯一將神靈意象包含在內的瑜伽，祂可以是任何一位神靈，此瑜伽要求信徒去愛祂，並為其獻身。這將使你超越對神的認識。這個宗教性的瑜伽在印度稱為「信瑜伽」(*bhakti yoga*)，也就是強調敬奉精神與儀式的瑜伽。

就如昆達里尼有七個層次一樣，信瑜伽也把愛或敬奉分為五個層次。在信瑜伽的系統裡，宗教愛的最低層次是成為主人的僕人：「主啊！你是我的主人，我是你的僕人。你告訴我做什麼，我就會做什麼。請問我的責任是什麼？」我們都很熟悉這類型的宗教實踐。

宗教愛的第二個層次是朋友之間的愛，就如克里希那愛阿周那以及他的兄弟們，也就是般度五子(*Pāṇḍavas*)那樣，他們是印度史詩《摩訶婆羅多》(Mahābhārata)裡的英雄。這也是耶穌對其門徒的愛。這是一種更高形式的宗教預備，亦即人與內在伴侶的關係。為了有資格與神建立這樣的關係，人必須發展出更成熟的宗教意識，而非僅當神的僕人。你要成為神的朋友，神是你的伴侶。你與祂同在，總是想到祂，而不只是每週服務祂一次，或者一年奉獻兩次那麼簡單。

第三層次的愛是父母對子女的愛，神就是你的子女。這就是基督誕生場景的意象。這個意象會將你內心的神聖兒童（child-god）帶入生命中，你會全心照料這位小小的神之子：讓我們陪伴祂、栽培祂，幫助祂長大。

在印度傳統中，有一系列迷人的小故事是關於克里希那的童年，人們叫他「奶油賊」，這個淘氣的小男孩深受眾人喜愛。有一天，他母親的朋友跑來告訴她：「小克里希那在吃髒東西。」她趕忙過去教訓了他一頓，並打開他的嘴要把髒東西拿出來，順便把他的嘴巴清乾淨。小男孩對母親開了一個玩笑。當她注視著他張開的嘴巴時，她在一瞬間看見了整個宇宙。她那時還不曉得他是誰，因此毛髮都嚇得豎起來了。接著他幫了母親一個忙，那就是抹去她對那件事情的記憶。

在《羅摩克里希那福音》[48]中則記載著另一則非常可愛的軼事。有一天，某個女人來拜訪這位聖人，她說：「大師，我不愛神。我知道我不愛，也沒必要假裝。我不了解神，不了解任何跟祂有關的事。我沒辦法說我愛神。」

羅摩克里希那說：「妳沒有愛過任何人嗎？」

「有的。」她回答：「我愛我的小姪子。」

他說：「那就是了，妳對小姪子的愛護，就是在服侍妳的神。」

我們在克里希那對牧牛人的勸告中，也能找到這個層次的敬奉。那牧牛人正在唱歌禮讚雷神因陀羅。克里希那說：「那些牛呢？是牠們維持了你的生活。禮讚牠們！」

東方人認為，世間萬物的內在都有神聖的火花，因此我們生命中的每個行動都能將神性顯現出來。這是東方瑜伽的基本觀點，確實，如我先前說的那樣，它也是東方宗教的核心思想。而我們在這裡所做的一切，就是使這些超然的領悟顯化而出。

愛的第四個層次是夫妻之愛。舉例來說，這就像是修女對基督新郎的敬奉，但它也是夫妻對彼此的專注與愛。

印度人在這件事情上同樣比我們走得更遠。第五層次的愛是什麼呢？那是

「禁忌之愛」（*illicit love*），那是全然的愛，你願意為其放棄你的名譽與工作，甚至在愛的瘋狂中放棄你的生命。那些為此種愛而瘋狂的人會放棄世界，成為至高無上的愛人——這樣的愛是最高層次的愛。這樣的愛可以用克里希那與其信徒牧牛女（*gopīs*）之間的愛來舉例。

中古時期的孟加拉詩人兼作曲家賈亞德瓦（Jayadeva，約西元一一〇〇年），在其著名史詩《吉塔．戈文達》（*Gita Govinda*，意為「牧牛人之歌」）中，講述了一則故事，每當小男孩克里希那在樹林中吹著笛子，擠牛奶的女工和年輕的主婦們都會豎起耳朵聆聽，她們會放下鍋碗瓢盆，跟著跑進野外。這位笛手很難找，女人們總是要出門很久才能回來。家務工作被荒廢了，沒人替丈夫們準備食物，當地的日常生活失去了秩序。

當女人們找了整天都見不到那位讓人疼愛的騙子的蹤影時，年輕的女子們會停下來休息並沐浴。在印度，沐浴是一種崇拜神明的方式。「噢！女神啊！答應我們的請求吧！」當疲憊的四肢恢復力氣後，她們開始祈禱：「請讓克里希那成為我們的主人。」

有一天，她們又脫下了衣物在河中戲水，唱著讚美那位音樂少年的小曲時，克里希那無意間聽到了。他悄悄接近，躲在樹葉後的隱密處偷偷地看著她們。接著拿走她們的衣服，將它們放在手臂上，爬到樹上去。女孩們洗完澡回到岸上時發現衣服不見了，正困窘時，有個人發現了克里希那躲在樹上，因此所有人都匆忙躲回亞穆納河裡。

克里希那笑了。「妳們出來吧！」他說道：「來把衣服拿回去。」

「你說得倒好聽，」她們罵道：「你難道不尊重我們丈夫的榮譽嗎？我們會跟我們的父母還有你爸媽說這件事，他們會處罰你的。不僅如此，」她們繼續說道：「就是你的緣故，我們才會來這裡洗澡跟祈禱。」

「若真是這樣，」小男孩說道：「那就在我面前拋棄妳們的羞恥心，來把東西拿回去吧！」

她們開始討論起來。「他很清楚我們的身體以及內心。」其中一人說。「那我們還害羞什麼？」她們做了決定。於是眼神低垂著，從河裡走了出來。

克里希那又笑了。「現在手牽著手，」他說：「向前來把衣服拿回去。」

這群年輕的女子逼著克里希那保證，雨季結束後的秋天，他得陪她們一起跳舞。夏天在焦躁中過去了，在一個月圓之夜，笛聲再度響起。鍋碗瓢盆又一次被扔下，女孩們匆忙打扮自己，踩著雀躍的腳步越過原野，來到森林邊緣處。一個年輕的女人被丈夫逮到了，她被帶回屋內關了起來。然而，她一心歸向那位笛聲的主人，因而靈魂出竅，成為第一個到達克里希那身邊的人。克里希那當即賜予她救贖。

這些女人在森林深處找到了克里希那。他向她們致意：「妳們都體驗到了一個美好的夜晚。在月光下看到沿著美麗河畔所生長的大樹，這樣就夠了，回家找妳們的丈夫吧！」

女人們個個義憤填膺，又哭又罵，她們指控克里希那是一個殘酷的騙子，又祈求他的憐憫：「我們拋下了丈夫、家庭，還有宗族，而且將世人的咒罵視為無物。現在除了你之外，沒有人可以保護我們。噢！我主啊！我們已落入了情網。」

於是克里希那用神力在河畔搭建了一座黃金的圓形平台，種滿了芭蕉樹，並在其上掛滿各式花環。女人們退到池邊開始打扮，用帶來的魯特琴與銅鈸唱歌跳舞。當長笛戀人站在她們中央，讓她們圍著自己轉圈進入狂喜狀態時，每個人都在幻想中認為他現在已經完全屬於了自己。

然後他突然消失，只帶走了美麗的拉達（Rādha）。其餘的人呆住了，接著感到害怕。她們四處尋找，並哭著說：「為什麼您要拋下我們這些向您付出了一切的人呢？」她們向樹、野獸，還有鳥兒們探詢：「他有經過這裡嗎？你們有看見他嗎？」接著她們發現了他的足跡，旁邊還有一個女人跟著。她們找到一張由樹葉編織而成的床，在那旁邊找到了一面鑲有寶石的鏡子。「他去哪裡了？」她們問著鏡子，但鏡子沒有回答。

此時拉達的內心既喜悅又驕傲。她認為自己是最美的女孩。她太開心了，於是請求她的愛人將自己背到他的肩上。但就在她將雙腳放上去那一刻，克里希那消失了，只剩她一個人張開雙手站在那裡。

那群年輕的女人們找到了拉達。她們非常開心，猶如找回了自己半數的財產。她們全都抱著拉達，又哭又笑。然後她加入了那群女人，一起無望地尋找克里希那，直到人人都疲憊不堪、衣物凌亂。最後她們全都回到亞穆納河畔，坐在那裡為愛心痛而哭泣。

終於，克里希那再次現身。「就像僧侶為了神而出家那樣。」他說道：「妳們也走向了我。妳們已經通過所有的考驗。我該怎麼獎賞妳們呢？」接著，他開始吹奏自己的長笛。

這群年輕的女子，這群牧牛女，全都站起身開始舞蹈。克里希那不斷變換容貌和每個人在舞圈中跳舞。她們不停轉著，藍黑色外觀的克里希那和他那些膚色美麗的牧牛女們，就像一條用藍寶石與黃金裝飾的項鍊。有些人彈著魯特琴並唱歌。身心同時都被遺忘。當一名牧牛女伸手止住了克里希那的笛聲，並用自己的歌聲接續他的笛聲而唱時，這位英雄般的天神也陶醉了，好比一個孩子在鏡子裡看見了自己的臉龐。

眾神都從天國下凡觀看這美麗的舞蹈，水跟風也隨之靜止不動。但當夜晚還剩下四更的時候，克里希那結束了舞會，並宣布回家的時間到了。「要像瑜伽士那樣，經常冥想我，」他說：「那麼我就會經常在妳身邊。」[49]

夫妻之間那被社會認可的愛包含了各種生活責任，但這個神聖的激情卻是純粹、不受拘束的愛。牧牛女的激情類似於十二世紀普羅旺斯吟遊詩人的那種愛戀（*amour*）。吟遊詩人的愛是禁忌之愛、危險的愛，那是愛沒錯，但它不屬於社會秩序的規範，而是內心難以抵擋的、無法控制的吸引力。而那便是隱士的狂熱，是人對神所表現的那種瘋狂之愛。

此外，在同個時代的伊斯蘭，喬瑟夫（Joseph）與波堤伐（Potiphar）之妻[50]（也就是猶索夫〔Yusuf〕與祖萊哈〔Zuleika〕）的激情之愛也受到尼扎米（Nizāmī）[51]與其他「雙重真理派」（the double truth）[52]的伊斯蘭詩人所讚揚：

> 是誰把律法當成他們的外衣
> 又把神祕的道路當成他們的內衣。

這一時期的日本也是如此，浪漫愛的宮廷遊戲在神祕的氛圍下開始興起，它受到佛教眾生實乃一體的觀念所支持。那是一個「雲中俠」（cloud gallant）與「花仙子」（flower maidens）的年代，他們的心裡滿是「溫柔、憐憫以及同情（也就是「哀」〔*aware*〕）」，展現了對大自然的哀婉，這樣的人被紫式部（Lady

Murasaki）在《源氏物語》（*The Tale of Genji*）裡加以讚揚。「感知物哀」（*Mono no aware o shiru*），去知道（*shiru*）物（*mono*）之哀（*aware*），要有一顆慈悲的心，而那就是佛性的本質：這是普羅旺斯「溫柔心」（Gentle Heart）與牧牛女神聖狂喜的遠東地區對應版。

在這些傳統裡，婚姻都象徵著「律法」，而愛的衝動則象徵著「神祕的道路」。因此，在那短暫而閃亮的瞬間，從英吉利海峽到波斯灣，再到日本海的每一座城堡中，為愛臣服的那一首歌此起彼伏地迴響著，在基督教、伊斯蘭教、印度教和佛教的樂器風格中，以當地的方式演奏出來。

痛苦的輪迴 53

✶出生與重生

所有源於印度的傳統宗教都以轉世觀念為核心，包含耆那教、印度教和佛教等都是。這個觀念在印度神話思想中的重要性，就好比審判、天國，以及地獄在西方宗教的重要性。在這個想法中，靈魂會反覆穿上肉身又褪去（我把它稱為轉世的單子〔monad〕），一次又一次，好比人們穿脫自己的衣物那樣。

而肉身的功能是什麼呢？它的功能是將你不死的靈魂（*jīva*）帶入世俗經驗的領域。肉身會以各種挑戰來刺激靈魂，一旦靈魂吸收了此生經驗的可能性後，肉身就會被拋下，交由另一具肉身來接手。

據此觀點，你會降生到哪一個種姓或社會階層，實與你靈魂的準備度有關。用這種方式來說，是你選擇了你的父母。靈魂已準備好去體驗某種類型的經驗，所以才會降生到能提供這些經驗的家庭中。

然而，個體的靈魂可能會抗拒這些經驗，於是它無法從此生中受益。這麼一來，靈魂就會像一隻未長成的魚那樣，再次被拋回海裡，直到靈魂學完它的功課。靈魂的終極目標是不再穿上任何的肉身。它得到了解脫，毋須成為任何人事物，與光合而為一。

是什麼讓靈魂一再返回肉身，就像在梅西百貨裡試戴圍巾的顧客一樣呢？那就是慾望和恐懼。你欲求著生，畏懼著死。當你徹底熄滅慾望與恐懼，這些我們所有人賴以維生的東西時，那麼生命便不再存在。那就是所有瑜伽的終極目標。當然你可以藉由各種練習，認為自己已經擺脫了慾望和恐懼，但你試著想擺脫它們的各種努力恰好也是一種慾望。這是每位修行者都會遇到的有趣困境：你越是努力不想要，反而越是渴望「不想要」，於是讓自己陷入兩難。覺悟的時刻總是在你毫無準備的時候來到。基督教的意象也有類似的說法，基督經常在你不尋找他的時候降臨，因此你必須時刻準備著。曾有某位聖徒寫道：「要當心錯過耶穌，因為他不會再來第二次。」真正的覺悟時刻會在你不太注意的時候到來，你若是過分執著，反而會阻礙它的出現。

jīva，這個梵文指的是不斷轉世的實體，相當於拉丁文中的 *viva*（生命力）。這是一種具有生命的力量，會不停穿上肉身。從更高層次來說，既然所有的生命都是終極存在，亦即「梵—阿特曼」的顯化，所有靈魂都是「阿特曼」的顯化。如果能明白這就是涅槃，你就不會再有想要解脫的意願，並能在活著的時候得到解脫。而如何在世間保持平衡，就是做到這一點的關鍵了。運動、音樂與舞蹈表演之所以對維持平衡有幫助，就在於人得同時維持紀律，又不能把自己逼得太緊。人要讓自己保持放鬆，將訓練活動交給身體，交給表現的能力，這樣你的意識才能伴隨它運行。這和聖人的態度非常接近。靜止點位於中心，而運動在旁環繞，而你既是涅槃點（nirvanic point），又是運動本身。佛陀端坐的中心稱為不動點，但它就是世界，就像輪轂是車輪的一部分，這是因為我們在另一邊獲得了非二元的覺悟。

這些領悟非常地矛盾。根據個人在生活中的平衡、壓力與渴求，人會發現自己與這個、那個或另一個系統契合，而這就是所有系統存在的目的。佛教將此稱為佛土（Buddha realm）。每個佛土都有不同的考驗讓你明白：我已到達了彼岸，這裡就是彼岸，一切本是一體。這就是最終的覺悟：涅槃（*nirvāṇa*）。

涅槃的字面意義是「吹滅」（blown out），它的意象是，一旦人了解到自己與佛心（這是佛教用來稱呼「梵」的說法）合而為一時，個人的**自我**（*ego*）就會如蠟燭的火焰般熄滅。屆時，人將與偉大的太陽光合為一體。

當你真的到達涅槃的境界時，你會明白，原來我一直在那裡未曾離開。這就是了，夥伴們，我們到了，再無別處可去。而基本上，這就是日本禪宗大師鈴木大拙（Daisetz Suzuki）博士曾說的：「這個世界就是綻放著黃金蓮花的世界，儘管它有各種缺陷、罪惡、恐怖、平庸，以及愚蠢。」而我們得學著以那種角度來看世界。

有則印度寓言這麼說，有三種不同的存在去同一條河喝水：一個是神，他喝到的是甘露；一個是人，他喝到了水；一個是魔鬼，他喝到的是汙穢。你得到的東西，取決於你的意識如何運作。因此，下層脈輪與上層脈輪最終都是一樣的。這為印度的神祕主義與靈性思想賦予了些許恐怖的暴力和力量。[54]

✶恐怖

這陣子有許多西方人都讀過《薄伽梵歌》，也就是「上主之歌」（Song of the Lord），它是印度人靈性生活的核心。這首頌歌是偉大的印度史詩《摩訶婆羅多》中間的一個段落，共計十八章。《摩訶婆羅多》的篇幅相當於希臘史詩《奧德賽》（*Odyssey*）和《伊里亞德》加總後的八倍長。在這個龐大繁複的戰爭與愛情故事中，《薄伽梵歌》是一顆在裡頭散發出靈性啟蒙之光的小寶石。

簡單來說，它的故事是這樣的：年輕的王子，戰士阿周那，他是般度族（Pāṇḍava）大軍與其他四位兄弟的統帥。他們在與自己的表哥，也就是**俱盧族**（Kauravas）的敵軍統帥賭博的過程中輸掉了財產，包括整個王國以及他們共享的妻子。為阿周那駕駛戰車的是他的好友，由天神毗濕奴轉世的克里希那。克里希那是這首頌歌中所提到的上主，他既是一位國王，又是世界之主的化身。儘管他是神的化身，但在這場兩族兄弟的毀滅性戰爭中，他扮演的是戰車駕馭者的角色。在戰爭開打前的安靜時刻，兩軍都在等待進攻的號角時，阿周那對克里希那說：「在進攻之前，先載我去兩軍陣前的空地吧！我想在那裡看一下。」

因此克里希那駕車將他載了過去。阿周那看著雙方他所仰慕以及所愛的人，他丟下了自己的弓，臉色慘白地說：「我寧可死在這裡，也不願揭開這場戰爭的帷幕。」

他的天神朋友看著他說道：「你什麼時候變成懦夫了？你瘋了嗎？你已喪失了內心的平靜。你是一位戰士，而戰士最崇高的目標就是參與一場正義之戰。」「當然，對戰爭的雙方來說，他們才是正義的那一方。有著神聖遠見的克里希那當然明白這一點。「回去你的隊伍中，然後開始戰鬥。你以為是**你**要殺了這些人嗎？他們早就死了！」接著他碰觸了阿周那的眼睛，阿周那發現他的朋友克里希那竟然變成了世界之主。他是一位巨大又恐怖的神，他張著許多大嘴，每張嘴裡都有許多長長的獠牙。在這個廣大的異象中，阿周那看見兩支軍隊都飛進了那些大嘴裡，像葡萄一樣被碾碎，鮮血像灑出來的紅酒傾瀉而下。

阿周那嚇得毛髮豎起，問道：「你究竟是誰？」

這位昔日的夥伴說：「我是迦羅（Kālá），是黑暗的時間，為終結這個世界而來，正吞噬著人類。現在，」說到這裡，他變回了原本藍色皮膚的外貌，繼續說道：「你還認為是你要殺了這些人嗎？他們已經死了，如我剛才說的那樣。你殺死的那些形體是凡人之軀，但不朽的部分卻不受影響。從未誕生的，永不會死亡。雨水無法濡濕它；火焰無法焚燒它。所以進入戰場吧，彷彿你在行動。你終將成為命運本身的工具。」

當物理學家奧本海默（J. Robert Oppenheimer）[55]在觀看原子彈的第一次試爆時，心裡或許曾想到《薄伽梵歌》的這個段落，所以才會說出這句名言：「我成為了死神，世界的毀滅者。」

世界靈魂 56

✶摩耶

當我們觀察當代西方在建立個體和自我概念的過程時，會發現那是由佛洛伊德、阿德勒與榮格等人的心理學所建立起來的。

現在，至少有三個要點使我們可以把東方的宗教實踐（也就是瑜伽），與西方的深度心理學，放在同一個語境來討論。

首先，我們必須認知到，在瑜伽看來，世上所有的神、聖靈、天國與地獄都是心理意象的投射。也就是說，我們通常所理解的形上學或神學，在瑜伽的觀點中被詮釋為心理因素，是心靈的作用。

第二，這些意象所表達和呈現的能量，就是決定生命方向與歷程的能量。那些令人著迷的意象之所以迷人，是因為它們與個人的動態過程相連結，從某種意義上說，它們被視為命運的意象。這些意象決定了你的存在。這就是印度人所說的「**摩耶**」（*māyā*），亦即由幻象構成的意象世界，它會促使我們反對個人的最佳利益，甚至背離我們的初衷。「摩耶」就是我們曾提到的波光粼粼的池水，它是現實世界的破碎倒影，它並不真實，而是現實的破碎表象。

第三，一旦開始意識到這些意象的含義，能量深入至其源頭，人們就可以啟發自己的人生，放鬆自己，並將自發性與寬廣的視野賦予到生命的行動中，而那便可稱為「解脫」。也就是說，我們從命運的強制力中解脫出來，並達到自由決定的狀態。這就是昆達里尼瑜伽的七脈輪登天梯背後的偉大構想，它也是心理分析的基本理念，人一旦掃除了潛意識的衝動之網，他就會解脫，並獲得作為主體的自由。

當內在之光，也就是「梵—阿特曼」這道無光的終極之光開始顯化時，它就會穿透摩耶的面紗。我曾見過一隻小貓咪，在鏡中看見了自己的反射。那面鏡子沒有鏡框，只是立在牆角。這隻小動物在鏡中看到了自己，卻以為那是其他貓咪。牠弓起背部，毛髮直豎，開始悄悄靠近牠的對手。當牠開始挑釁時，另一隻貓也跟著挑釁。牠步步接近，然後突然繞到鏡子背後，發現那裡並沒有其他貓咪。接著牠返回鏡子前，再度看見了牠的敵人，因此又繞到鏡子後面展開攻擊。就這樣來回反覆，實在是一幕驚人的景觀。小貓又換了個方向繞到鏡子後，敵人再次不見了。於是牠開始看著鏡子後方，瞧瞧究竟那裡有什麼東西，想當然，除了牠自己以外什麼也沒有。牠弄丟了自己的目標，牠從未把自己當成主體那樣思考。我當時就想，天哪！這不正是摩耶的意象嗎？

沒人能說清摩耶究竟是什麼，因為我們活在摩耶這一面的氛圍之中，就像魚活在水裡一樣。而摩耶的另一面也無人知曉，因為沒人能到那裡客觀地觀察我們的狀態。所以當你從輪迴，或者從某種超越性的經驗返回時，你依舊無法看清它，摩耶就像你能想像到的任何事物那樣神祕。

據說摩耶有三種能力。第一種能力稱為隱藏力：它會遮蔽永恆的白光。摩耶就像遮蓋了真理的面具或帷幕。

你也可以把摩耶想像成一面稜鏡：當白光照射在稜鏡時，會折射出無數的光線。這就是摩耶的第二種能力，投射力。世間萬象因此被摩耶投射出來，就像光線穿過稜鏡一樣。沒見過白光的人無法只從這七道彩光中想像出白光的模樣。

然而，如果將這七彩光放在一張旋轉圓盤上，你就能再次見到白光。這是摩耶的第三種能力：揭示力。用神話的語言來說，摩耶就是世界之母，它是女性面向的創造力。白光既非陽性也非陰性，因為它超越所有二元性。但在稜鏡的這一面（摩耶的這一面），我們卻能找到男性與女性，以及所有對立的兩極。這是所有母系宗教的基礎。所有的形式，甚至包含了聖父的形式，都在摩耶母親的子宮內。我們都在她的子宮內。它是空間、時間以及因果關係的子宮。康德將它稱作「先驗的感性形式」（a priori forms of sensibility）。這就是摩耶，而那也是叔本華何以能用康德的術語來精準解釋印度術語的原因。「梵」等同於康德所說的「物自身」（*Ding an sich*），它不是具體的事物，而只是它自身。它超越了所有範疇。感性的形式與思想的範疇都被摩耶子宮給包含在內，即便是上帝，當我們談及祂、想到祂或為祂命名的時候，也是如此。

在昆達里尼瑜伽中，我們到第六脈輪時才能感知到世界之主，在那以下的每一處都被摩耶所統治。在巴黎的國立中世紀博物館裡，有一件製作於十五世紀的精緻小聖母像。她將嬰兒基督抱在手中坐著，左手拿著一顆象徵宇宙的宇宙球。她的胸部像個櫃子那樣可以打開，裡頭可以看見聖父、聖子、聖靈以及整個天堂的唱詩班。整個天國與地獄的景象都在她體內，這個形象就是摩耶母親的形象。因此，她擁有投射的力量，亦即幻象的創造之力。

在摩耶的領域內，我們會看見世界之主的形象，它可以是男性也可以是女性的形式。我們西方宗教的奇特處之一，就是我們堅持終極神聖必須以男性的形象出現。既然終極性已超越了所有的兩極對立，為何這一點除外？印度人在談到個人所選擇的神靈（chosen deity）時，指的是每個人獨特的心理特質會決定哪位神的意象最能與自己共鳴，且能引導自己進入更高層次的境界。

✦ 毀滅者與創造者

在世界的傳統神話裡（聖經傳統除外），世界靈魂的主要神明代表是大母神（Goddess）。對所有的生靈來說，女神既是母親也是吞噬者，她生出我們，又將我們收回。由於人會害怕死亡，因此她具有可怕的一面。但只要我們崇拜她，能使我們超脫對肉體的執著以及對死亡的恐懼——賜予我們回歸本源的感受——那麼可以說她從束縛我們的渺小自我之環（ego ring）中解放了我們。

在印度，大母神的主要形象之一是伽梨（Kālī，也就是克里希那所象徵的迦羅的典型女性形態），印度人對她的描繪是周身黑色：*kālī* 的意思就是黑色。她是超越所有形象的存在，那深邃的黑暗，那神祕的源頭，萬物都由此誕生，又回歸於此。

她會被描繪成踩在配偶（亦即濕婆）仰臥的白皙身體上，濕婆代表了死亡的靜止形態，象徵著藉由女神賦予我們的超越性力量。這對伴侶是整個印度最普遍的崇拜對象，他們就是「林伽—約尼」，其形象是男女性器官的交合。這個象徵經常被表現為林伽從下方穿過了約尼，彷彿那深邃的神祕力量正在將生命的能量注入這個世界的子宮，而我們就處於其中。站在這個意象之前，我們應該想像自己正在凝視能量被注入女神子宮的神祕過程，或者說，是存在的能量注入存在本身的領域的過程。

圖7：伽梨，約1832年。

在東方的宗教中，我們不會看見這樣的思想：認為有一個人格化的造物主決定創造世界，是祂開啟了宇宙的歷史，也會一直存在到世界的結束。東方的宗教思想認為，時間並沒有開始，也不會結束。時間思維是與這個子宮世界相關的思維；這樣的思維無法觸及永恆的問題。

從這個角度來說，永恆並不是指時間很長，相反地，它所指的是另一種維度。那是時間思維無法觸及的維度。由此來說，根本不可能有創造。應該這麼說，只有連續不停的創造。這股能量此刻正湧入我們每個細胞，湧入我們所處建築的每塊木板和磚石，湧入每一粒沙子和每一縷微風。它就是「唵」，宇宙的聲音，非由兩件事物撞擊所發出的聲音。

這是一種將整個宇宙視為生命體的感覺，或許你也可以麼說，是將整個宇宙視為一個繁衍的時刻，[57]而這就是此意象所帶來的奇妙神祕感。不過，它也可以被表現為男神與女神的相擁。這就是濕婆—夏克提的意象。男神與他的夏克提，或者與他的配偶。「夏克提」這個美妙的詞同時有兩種意思：第一，它被用來指稱與男性相對的女性，也就是一個男人的妻子，他的配偶就是他的夏克提。

第二，也是更基本的含義，它的意思是「能量」。男性是一種沉靜的存在，他內心深處最想要的就是獨處。然後，這股芬芳的神祕力量經過他身邊，使他的內心掀起了波瀾。就如喬伊斯[58]在《芬尼根守靈》寫的：「她低聲向他說了許多事。」然後他想，啊！如果能再來一次該有多好。我們因此有了一個新世界，以及另一個世界。他被喚醒，開始行動起來。

這和我們西方人一般的觀念截然相反，與中國人的看法也相距甚遠，在西方與中國傳統中，女性代表面具原則（mask principle），是被動的客體對象，而男性則是主動的主體。但此處的男性是被動者，而女性才是主動者。羅摩克里希那談到男性與女性原則時，將它們分別形容為平靜無波的水與泛起漣漪的水。《聖經》的第一章也有類似的意象：

起初，神創造天地。
地是空虛混沌，深淵上一片黑暗；
神的靈運行在水面上。
神說：「要有光！」就有了光。[59]

正是水被激發、擾動的那一刻，標誌著世界的創造，而在水的流動中，我們看見光影開始來去，那就是池水的漣漪。那些光就是我們自己，我們將自己視為這種光，並且希望這光能被保存：我在這裡；噢！親愛的，現在我消失了。

然而，東方的經典告訴我們：「別將你自己等同於那些閃爍的微光，將你自己視為那些閃爍微光的源頭，是那個被這閃爍所映照出來的本源之光。」

如我們前面所談到的，女神可能會被描繪為一位母親，例如聖母瑪利亞。然後，她也可能被表現成相當恐怖且駭人的形象，而這點我們經常看見。那就是伽梨，象徵黑暗的時間，也是吞噬者。她以一種英雄姿態站立，伸出長長的舌頭，有時甚至垂到腰部，鮮紅而且嚇人，用來舔舐自己造物的鮮血。是她誕育生命，也是她吞沒整個世界。她的一隻右手會顯示：「別怕，一切都好。」另一隻右手擺出賜福的手勢，或拿著一只裝有乳糜的碗。她是食物女神安娜普爾娜（Annapūrṇā），是豐饒角，裝著滿滿的食物，不停地對眾生分享她的豐盛。接著我們看向她左邊的兩隻手：一隻手持一把死神之劍，另一隻手拿著一顆剛砍下來的人頭。事實上，多數重大的祭祀儀式，包括被斬首的動物和人類的頭顱，都是為了獻給她的。這樣做的目的是讓被砍下的頭顱能立即放在她的祭壇上，使新鮮噴湧的血液如甘露般流回她那裡。在她的神龕前，你會看到一條引導血液回流到她身體中的凹槽。她總是佩戴著一串由顱骨做成的項鍊，腰間圍著用截肢的手臂和腿製成的裙子，而我們應稱呼她為「我們親愛的母親」。

在西方，我們習慣把善良的神祇雕塑得慈眉善目，把邪惡的神祇繪製成凶神惡煞。但東方塑像的要點在於，這兩個面向同時存在於同一個形象中，就如同它們在生命中並存一樣。在斯特拉斯堡（Gottfried von Strassburg）的傑作《崔斯坦》（*Tristan*）中有這麼一句話：「他們告訴我，有些人只尋找幸福與平靜。讓上帝賜予他們平靜吧！我所尋求的人生必須同時包含痛苦與甜蜜。」[60]

這就是我們在神奇的印度塑像中所看到的東西。這種將生命的雙重面向展現，以及要求我們接受的力量，當你親身經歷時，會發現它非常具有說服力。這位女神的配偶是濕婆，他可能是至今依舊受人崇拜的最古老神明。他是林伽之主，也就是說，他是生殖之神的象徵。在一些後來的塑像中，他被同時顯示為兩種形態。那位是我們母親的女神坐在他的身上。他在她的下方時會呈現兩種形態——一種是背對她，另一種是面向她。面向她的形態是眼睛睜開，那是真正的濕婆（Śiva）。背對她的形態則眼睛閉上，那個形態的濕婆是我們的朋友：死屍（Śava）。死屍已經將濕婆和女神都吸收回自己身上了。

這裡象徵著瑜伽不同的兩種態度。有人可能會選擇離世的瑜伽，拋開世俗。正如《奧義書》中所說，這是火的道路，它將我們帶到太陽之門，然後進入永恆。另一個則是肯定世俗的瑜伽：那是永遠回歸的父性原則，它讓世界繁榮昌盛，永劫回歸。這是煙的道路，它將我們引向月亮，不斷地死去與重生，一次又一次。

請記住，永恆生命有兩種意象。一種是永恆回歸的意象，另一條道路則完全脫離了時間的循環。前者是煙之路，後者是火之路。以林伽姿態而存在的濕婆，代表著回歸原則，即創造世界、維持世界和產生世界的原則。

在他作為瑜伽士的另一種姿態中——正如我們在摩亨佐・達羅印章上看到的，身為瑜伽之主的濕婆——他的身上覆蓋著灰燼，披頭散髮，髮絲黏結成塊。因為他已上萬年沒有沐浴。他佩戴著從骷髏頭中飲水的蛇環，手持三叉戟，但他專注於瑜伽的修行中，遠離世俗。他代表著摩耶幻象的毀滅者。在印度，你可以見到手持濕婆三叉戟的修行者，他們身上覆滿汙垢和灰燼，長髮糾結在一塊，真是神奇。

另一種更親切的神明形象是毗濕奴。

毗濕奴是更具情愛色彩、肯定世界的神靈。他會在世界遇到困境時，以化身的形式帶著愛意來到人間。他的化身有很多，拉瑪（Rāma）和克里希那是最廣為人知的。從印度教的角度來看，連基督也可以被視為毗濕奴的化身。當一名基督教傳教士來到印度村莊，對他們說到道成肉身，談到上帝出於愛而以人類的形態降臨這個世界時，當地人會說：「這有什麼稀奇的？」

在愛的五個階段中，跟愛慾有關的知識涉及了毗濕奴。

他通常被描繪成一個斜臥在大蛇之上的人。這條蛇的名字叫阿難陀，意思是「無限」。牠的七個眼鏡蛇頭像一把傘那樣罩在毗濕奴頭上，漂浮在宇宙之海上，那是世界能量的象徵，以便一切能夠運作。那是我們在《聖經》的第一章所讀到的大海。水、蛇與神，分別對應著元素、動物與人類。他們共同象徵

圖8：毗濕奴、梵天與吉祥天女。

著萬物之所由始的黑暗起源。我們可以把它想像成水池的底部，然後，可以想像有一朵蓮花從池水中冒出來，並在水面上綻放。毗濕奴便是這樣的形象。他正在做夢，夢見這個世界的夢。他夢見了自己的摩耶世界，然後他的肚臍長出了一朵蓮花。當夢結束時，摩耶世界也跟著消退，直到下一個夢開始時才會出現。這就是克里希那讓因陀羅變得謙卑的意象。

這朵蓮花就是宇宙自身的象徵，是神聖賦予的象徵。

蓮花（*Padmā*）這個詞，也是毗濕奴配偶夏克提的名字，她也被人稱為吉祥天女（Lakṣmi）。無疑地，蓮花女神就是那朵毗濕奴肚臍上的蓮花。她就是世界，她的子宮就是世界之內的蓮花。有趣的是，在後來的印度傳統中，愈來愈強調父權，因此她從蓮花上被移開了。你現在看到的形象是她作為一個賢慧的印度妻子，正在按摩她熟睡丈夫的腳。但裡頭有一個小祕密：恰是這次按摩刺激了這場夢境。她仍然是夏克提。而毗濕奴在夢中夢見了什麼？夢見了她。

原本該屬於她的蓮花座上，現在坐著男神梵天，這其實是一個比較晚期的神明。長著四張面孔的他端坐在那裡，觀察四個方向，想像自己正在創造世界。

梵天是梵的意識的人格化。梵天是一位神，是永恆原則的擬人化——正如我們所有人都是這種思維方式中的象徵——他象徵著那個永恆的原則。所有的神靈與眾生都是梵的次級顯化。梵天是梵的創造者面向的顯化，他投射出世界，也就是摩耶。而毗濕奴和濕婆則是梵的另外兩種顯現。梵是真理與純粹之光，每一種擬人化的形象都是梵的不同顯化。

而他們就是在後期的印度教中最常見到的三位神祇。梵天就是光明與光輝，他是光之世界的創造者，這個世界位於摩耶的表象之上。毗濕奴是宇宙夢境的做夢者。正如你夢境中的每個形象都是你自身的某個面向和部分，在毗濕奴夢境中的我們，也是毗濕奴的某個面向和部分。我們與毗濕奴是同一的。瑜伽的目標就是在此同一性中了解我們自己。濕婆的形象有兩個，一是與女神夏克提有關的林伽，另一個是瑜伽士。（我們會在後文中看見濕婆的另一個形象：舞蹈之王濕婆〔Śiva Naṭarāja〕，亦即跳著宇宙之舞的舞者。）

當梵天、毗濕奴與濕婆這三位神祇被放在一起時，就構成了三位一體的神（*trimūrti*），即一位同時擁有三個形象的神：梵天是創造者，毗濕奴是保護者，濕婆是毀滅者。但事實上，濕婆也是一位創造者，藉由破壞，他將我們與創造的最初源頭重新連結在一起。而梵天與毗濕奴也是毀滅者，因為他們將人困在摩耶的幻象中。

這類次要的角色分配在神話中很常見。當兩個來自不同秩序或起源的神明被統合在一個系統中時，他們會被分派不同的任務，就像來自兩間不同銀行的員工在公司整併時遇見的情形。所以你就會看見眾神的次要職能分工。

在古典傳統中這類情形很常見。舉例來說，波塞頓（Poseidon）與宙斯原本都是主神，宙斯源於希臘的阿該亞人，而波塞頓則屬於克里特人和愛琴海周邊民族。當兩個傳統結合之後，他們就被分派了不同工作。

這些形象有多古老呢？還有，他們是印度土生土長的嗎？這是一個很深刻且很有趣的問題和難題。如前所述，印度文明最早的紀錄可上溯自印度河流域的達羅毗荼文化，大約是西元前二五〇〇到一五〇〇年。對應於西方，大約是古阿卡德、蘇美，與美索不達米亞的城邦文明，介於薩爾貢一世（Sargon I）到漢摩拉比（Hammurabi）的統治時期。當時的埃及則處於古王國時代與中王國時代的交界期。

最有趣的是，那也是克里特文明的偉大宮殿時期。值得一提的是濕婆的三叉戟、公牛與林伽等象徵，恰好也是波塞頓的象徵，而他無疑是古代海洋環繞的克里特島的主神。很顯然，印度與克里特都受到近東地區一個更古老的高度文明所影響。根據伊朗、敘利亞以及土耳其的考古紀錄顯示，該區域的文明應當要從西元前二五〇〇年再往前回推數千年。有證據表明，從安納托利亞的加泰土丘（Çatal Hüyük）所辨識出的文明可追溯到西元前八〇〇〇年，比摩亨佐．達羅與哈拉帕文明至少早了五千年。兩者年代的差距猶如印度文明的誕生一直到當代那麼長。這些神至今仍在印度受到崇拜，其思想也在輝煌的印度哲學中發展，這些都根源於那遠古文明。印度人從中得到啟發，並接續發展了對世界秩序的詩意意象，而其根源可追溯自這個最早期的偉大高位文化。

那麼，我們從三位一體的神明形象中看見了怎樣的世界觀呢？我們瞧見了一個完全非人格化的力量，也就是梵，推動世界走過一個漫長的週期，蓮花從毗濕奴的身上長出又收回，世界在偉大的週期中去而復來，猶如蓮花在毗濕奴身上花開花謝。宇宙也同樣如此。

海希奧德（Hesiod）[61]將世界分為四個時代，那構成了我們對世界的主要意象：黃金時代、白銀時代、青銅時代以及黑鐵時代。在印度，那意象則是第四、第三、第二與第一時代。在第四時代中，美德女神，也就是原初的聖牛，牠用四條腿站立。這是印度人的黃金時代，在那時，人類都是成對誕生的。你無須尋找你的靈魂伴侶。此外，河水中流淌的都是美酒與牛奶，樹木在美麗的旋律中搖曳生姿。整個世界，包括土壤在內都是甜的，像糖那樣可以食用。那時的人們非常幸福，不需要去想我該做什麼。他們會自然地過著符合美德的生活。

接著來到了白銀時代，亦即第三時代，此時的聖牛用三隻腳站立。這時的人們對合乎美德的行為並不那麼自動，而是會停下來思考「這件事該怎麼處理？」「我應該怎麼辦？」。但即使如此，他們依舊服膺美德。他們不像上個時代的人那樣高大俊美，但從現在的觀點來看，依舊像個神靈。

然後來到了第二時代，聖牛只用兩隻腳站立。你知道的，牛無法穩穩地用兩隻腳站著。因此這個時代多了一根支柱，是多了宗教聖典與小型著作教我們如何好好生活的時代。在此之前，人們並不需要宗教，因為他們可以自發地、正直地、正確地行事；而現在他們則是被糾正要這麼做。

最後來到了第一時代，聖牛只用一隻腳站立。這就是我們這個不幸的時代，一個種姓混雜，沒人知道自己真實本質的時代。更糟的是，人們不再讀那些聖書了，就算讀了也看不懂。這是一個退化的時代，而且退化的速度驚人。從傳統的觀點來看，如果你想知道有哪些退化的證據，只要看看那些被我們稱為進步的事物就知道了：生活過分外向，機器掌控一切。西方認為是進步的每項證據，在古老的傳統中，都被視為是衰敗的證據。世界正在惡化。

一旦世界像一碗糊掉的粥那樣，變得難以分辨又毫無個性，不再有人知曉或遵從法，那麼毗濕奴將會收回他的夢，蓮花也會逐漸枯萎，世界就會消失。接著，再經過一段時間的孵化後，世界就會再次現身並重返榮耀。所以，各位朋友，你對這事無可奈何，它就是這樣。世上並無所謂的主動性，你所做的每件事都曾經發生過無數次，因為這一切都在永恆輪迴之中。個人付出特別的努力毫無意義。人真正的功能就是遵循社會傳遞給他的宇宙律法。如果他無法做到這一點，就會變得一無是處，然後徹底瓦解。

在傳統的印度社會中，種姓被比喻為軀體的四肢。婆羅門是頭，剎帝利（統治階級）是肩膀與手臂，吠舍（商人階級）是軀幹，首陀羅（勞動階級）是雙腿。如果腳突然說：「我想當頭」，或者頭說：「我想成為心臟」，那身體會發生什麼事呢？我們會把這現象稱為癌症。同樣地，用這個角度來說，我們所稱的民主就是癌症。

然而，還是有個極特殊的情況，種姓制度的區別可以在此被超越，那就是某些祭祀的情況可允許種姓的跨越。在這樣的情況下，個體也就超越了摩耶的領域，並與超越的力量（也就是梵）合一。

當克里希那以世界吞噬者的樣貌向阿周那現身時，當中最重要的一點就是：我們都是迦羅，所有的生命與死亡都在我們之內。克里希那教導我們，在擁有這項知識之後該如何行動：以對結果不帶恐懼或期待的方式去行動。對你自己或他人的結果都不帶恐懼或期待，只是遵從生命的法則行動。在終極的覺悟中，所有對立的兩極都會被超越，抛之腦後。懷抱這樣的認知去行動，我們所知所經驗的這個世界本就是完美的蓮花世界——**這就是涅槃**。無論我們採取的行動為何，它們都是神聖力量的行動。

這可以再推進一步，如同印度神祕思想中一貫的特質：無論是慾望的行動或享樂的行動都是瑜伽。因此你就可得出這項通則：瑜伽是瑜伽，愉悅也是瑜伽。整個世界都是這個光輝奧祕的顯化，只是我們看不見它而已。

東方神話中的個體 62

✦ 面具與演員

傳統東方對個體觀念有些難以理解，至少就我所見，歐洲西方世界所理解的個體觀念在東方並不存在。

榮格在其各種著作裡都談到了人格的整合，也經常使用「**個體化**」（*individuation*）這個詞。為了解釋這個意思，他指出我們每個人都被所處的社會邀請扮演某個特定的角色，執行某種社會功能。這些角色他稱為人格面具（*personae*），這是一個拉丁字，指的是羅馬演員臉上所戴的面具。[63] 我們都必須戴上某種面具以便在社會裡運作。即使那些選擇不在社會中運作、反抗社會的人，他們依舊戴上了某一種面具。他們佩帶著徽章告訴大家：我是個反叛者。

人會對某種人格面具或角色印象深刻。例如你遇見了某個人，和他交談，兩人相當投緣，然後假設你發現他其實是某個國家的傑出大使，面具突然戴到了他的身上，你就對他產生敬畏之情。在你心裡，此人就成了榮格所說的「魔力人格」（*mana* personality），它是一種具有魔力的人格。所以你已不再是直接跟此人對話，而是藉由這個人格面具與他互動。

為了實現個體化，成為獨立的個體，我們必須學會區分自性與我們所戴的面具。此外，每一個面具都深入我們內在，它包含了種種道德觀念以及價值判斷。本質上，人格面具是一套由社會加諸在我們身上的行動原型。

我以榮格的個體化理念為例，這是一個相對明確的西方理想，即人應該戴上面具，也要脫下面具。當你晚上回家，是仍擺出一副總統先生的架子，還是已經把面具留在辦公室？如果你還戴著面具，我們會認為你食古不化。對這樣的人而言，他的人格會逐漸消失在角色的理想形象中。如果一個人對自己的面具信以為真，那將變成一場災難。我們從這裡見到了真正的海市蜃樓：裡頭根本沒有人。

東方的典型理想是人**應該**認同自己的人格面具。整個印度和東亞的教育方式，是讓人們相信和執行自己聽到的，不要提出疑問。對教過東方學生的西方老師來說，前者的順從態度一定讓他很困惑。對教過西方學生的東方老師來說也是如此，後者會面對學生的尖銳挑戰。西方人對教授的身分並不會特別尊重。西方學生期待能夠提問，質疑教授的假設。

這不僅是文化上的差異，也是形上學的預設不同。

在《神曲．地獄篇》（*Inferno*）中，但丁在遊歷地獄的深淵時，認出了自己所有的朋友，如果我們碰巧也下了地獄，同樣一定會認出自己的朋友。在後來的煉獄與天堂遊歷中，他也認出了每個人。即使在陰間，他們個別的人格也都得到了保存。在《奧德賽》和《艾尼亞斯紀》（*Aeneid*）[64]中，造訪冥府的英雄也有同樣的體驗。對我們來說，人格是永久的、不變的實體，那就是你。你只出生一次，只活一次：你就是那一生中的一切。我們將精神與肉體視為一體。

在佛教、印度教或者那教的地獄與天堂中，你認不出任何人。他們不是塵世間的同一人了。同樣地，天堂與地獄也未被視為最後的歸處。它們只是輪迴過程中的停靠站。天堂是對成功轉世的獎賞，地獄則是懲戒機關，目的是矯正靈魂的錯誤，使其在下一世不要重蹈覆轍。用西方人的話來說，它們更像是煉獄。

此處強調一個重點。歐洲的英雄都是**這個**個體、**這個**活在此時此地的暫時性存在，無論在希臘悲劇、但丁的《神曲》（*Commedia Divina*）、榮格的自性或喬伊斯的小說中都是如此。但在印度和東亞，英雄都是不停轉世的單子[65]，是穿越不同肉身的實體，一世又一世地，將肉身穿上又褪下。這是一直存在於東方的主題：你不是這具肉身，你不是現在這個自我，你要把肉身當成穿戴一陣子之後還得丟棄的事物看待。在這裡，歐洲對個體的概念與印度和遠東的概念之間有一個根本區別：在輪迴法則下，此時此刻這個短暫存在的你其實沒那麼重要。自我概念在擴展的同時也被消滅了，自我不再認同此時此地的短暫現象，而是輪迴法則的永恆。

當然，不同的信仰對單子有不同的理解，究竟我們下一世會變成什麼呢？東方宗教中最令人印象深刻和奇妙的概念之一是存在的循環，即那些來來去去的「**劫**」（*eon*），使得世界不斷地形成和消亡。這個思想源於遠古之前的近東地區。如你所知，無論東西方文明，都是以近東文明為基礎發展起來的。那片廣大地區涵蓋巴勒斯坦、敘利亞、波斯以及伊拉克，從那裡發展出早期的農業與畜牧業。畜牧農業社群從這裡向外散播，成為後世文明的基礎。然後，就如先前提到的那樣，大約西元前三五〇〇年，祭司觀測出五顆可視行星[66]與太陽、月亮的運動軌跡，並認識到它們可以透過數學加以計算。他們接著發展出宇宙是由數學法則所支配的觀念，它遵循著永恆循環的法則。於是我們從數學中計算出「劫」的概念，認為在經過漫長的時間後，世界會走向消亡，而後再次誕生，再次消亡。

古希臘詩人海希奧德也描述了這個觀念，他將歷史分為四個階段：黃金、白銀、青銅與黑鐵時代；這四個時代降臨於世，又消逝無蹤。中世紀日耳曼民族的史詩《埃達》（*Eddas*）也認為，世界會誕生，也會消逝。

東方則用聖牛，也就是美德女神的意象來描述歷史的四個階段，在第四時代時，聖牛用四隻腳站立，第三時代則用三隻腳站立，第二時代是兩隻腳，而我們所生活的這個道德淪喪時代，聖牛只能用一隻腳站立。

整個印度和遠東地區都是這麼想的。既然世界遵循這樣的規律，而你也認同這個永劫回歸的歷史模式，你我都無法改變它，那麼人就只能順勢而為。個人的努力可說毫無用處，也毫無價值。那只會干擾這場戲劇的演出。就像日升日落，月盈月虧，草木的生長與死去，它們無不遵循自然的週期，人們當然也要如此。

印度把這樣的思想稱為「法」，它的意思是責任，它在我們出生時就伴隨而生，遵循它即是美德。法的內容會隨種姓的不同而改變，也就是說，每個階層都有它相應的嚴格規範，而人必須遵從出生時的階層規範而活。這個思想認為，你這一生的階層是由上一世的果報而來，無論你是婆羅門、剎帝利、吠舍、首陀羅、螞蟻，還是神，都已完全準備好在那個階層出生。因此，你所屬階層的道德體系，也就是社群為你提供的人格面具，一定會完美符合你的性格，否則你就不會出生在那個階級。

因此並不需要有神明來審判你並決定你的地位。這是自動發生的，彷彿受到特定的引力所吸引一樣。你靈魂的靈性重量決定了你將投生到哪個社會階層，你此生的責任就是實踐他人告訴你的事，完美體現那個社會階層的理想。《摩奴法典》(Laws of Manu)和《毗濕奴教論》(Institutes of Viṣṇu)這兩份古老的文獻鉅細靡遺地記載著人該如何立身處事，例如袖子該有多長，早上可以打幾次噴嚏。生活中的每一個細節都被詳細描述並嚴格規定，完全沒有空間思考。「我現在想做什麼？我要成為什麼樣的人？」這樣的問題是不被允許的。哪怕是最輕微的違規都會被嚴厲處罰。社會對此相當嚴格。一個首陀羅如果無意中聽到了吠陀的經文，會被判處在耳朵裡灌入沸騰的鉛水作為懲罰，因為這些經文只有婆羅門才有足夠的資格和修為聽取。可以想見，這樣的懲罰無異於將靈魂單子送往另一個飛快運轉的轉生之輪。

在遠東的中國與日本，他們信奉「道」的觀念。這套宇宙秩序以不同於印度的方式被描述，但它們在本質上是同一件事，也就是說，宇宙有它特定的節律與秩序，而那套秩序也內含於我們的本質中，生命的真實目標就是與道和諧共處，兩不相違。那是一個高貴而美好的理想，也是一種無私的理想。在這些社會中，自我概念被認為是負面的邪惡信條，事實上，自我的概念在此處是沒有機會發展起來的。

印度哲學為人生的目的做出了著名的分類。人生的目的分為四種，有三種是給世俗中人追求的，有一種是給離群索居的森林隱士追求的。三種世俗目標分別是：⑴法則，也就是美德或本分，它告訴你該如何實踐種姓施加在你身上的規範。⑵權力，亦即成就或進取心。⑶快樂，亦即愉悅或享樂。後面兩者是被佛洛伊德稱為「**本我**」(*id*)的自然驅力，它是心靈中純粹的生物能量：權力原則與快樂原則。在印度的哲學體系中，本我的驅力（也就是權力與快樂）受到「法」的管轄，佛洛伊德的術語則是「**超我**」(*superego*)。換言之，「我想要」往往服從於「你應當」。中間沒有「**自我**」(*ego*)可以協調。我將這些力量，也就是本我的「我想要」與超我的「你應當」，稱為幼兒期的動機。在這樣的體系中，完全沒有所謂個體的發展機會，也沒有留任何空間給佛洛伊德所稱的自我發展。自我原則是本我的潛意識願望與「法」(亦即超我)的社會要求之間的連接者，但在印度思想中，這個「我」受到本我原則的汙染，而且完全認同於本我原則。這兩者完全融合。在東方文化中，「我」等同於「我想要」。

正如榮格與佛洛伊德的闡述，西方人會把本我與自我分開來看。自我連結著你，你是位於此時此地的個體（有著一連串的潛意識願望與需求），同時也連結著此時此地的情況（由社會與周遭情況所構成的宇宙）。你不能用刻板印象或老套的方式思考，你不應該認為這個情境以前發生過——它沒有，它完全是獨特的。它的要求也完全是獨特的。人必須在此刻做出決定。

此外，因為你擁有自我，就要為自己做的事情負責。將自我視為負責任的主體，這一點在東方也不存在。在東方，你的行為和士兵的行為相同。士兵無須為任何事情負個人責任，因為他遵照命令行事。他之所以這麼做，是因為那是上級的命令，而他是一名好士兵。同樣地，如果你遵循「法」的要求而行動，遵循他人告訴你的命令而行動，你就完全不須負任何責任。你不必為任何事情負責。

根據印度教的觀點，第四個人生目的是**解脫**（*mokṣa*），也就是遠離社會，進入森林或彼岸。這點我們稍後再來談。

在西方世界，新教徒的思想奠定了我們看待個體的基本原則，也就是個人要藉由自己良知的濾鏡來決定上帝訊息的本質。它與自由意志、良知的自由、抉擇自由、承擔個人責任息息相關。這些理念在東方世界是見不到的。

✶永恆的代理者

讓我們重新釐清東方的兩種觀念：一種是我們過去所認為的東方，也就是孕育出《聖經》傳統的近東地區；另一種則是印度及遠東地區所代表的東方。我在前文曾提到可由數學計算的永恆循環。它是一個用來描述末日降臨而後又復返的神話意象，是大洪水的意象，世界再次沉入太初之水以及原始的深淵中，它獲得形式後出現，接著又一次沉沒，然後重現。它會自動發生，可由數學推算。

在大約西元前二五〇〇年（也是印度河流域開始有人定居的時代），美索不達米亞地區出土了一份蘇美文獻，裡頭記錄著大洪水的新版本。在這份文獻中，天神降下洪水的原因是為了處罰人類的罪惡。這是一場完全不同的大洪水，這裡沒有自然無個性的來與去、誕生與消失，只有對犯錯之人的處罰。這場行動的轉變有深遠的意涵。首先，原本那種驚奇、盛大以及榮耀的感覺消失了。毫無疑問，那古老的洪水與復甦以及它們的循環，原是一場偉大、壯麗、奇偉的盛事，是宇宙生命的一次綻放，而我們只是其中的微小片段。而近東地區的洪水神話則藉由挪亞（Noah）[67]的故事傳給了我們，它所講述的是人與一位擁有自由意志的神建立了關係。

印度與遠東地區的神是永恆循環的代理者。在多數情況下，他們只是執行必要任務的管理者，推動宇宙的循環走向必要的過程，就像公雞見到太陽就會鳴叫一樣。

然而，當你有個由自己制定法律以及降下大洪水的神時，那遊戲規則可就完全不同了。大概是在這個時期開始，伊朗以西的地區對世界的認識出現了巨大的轉變。我們不再認為神與人只是宇宙整體存在的其中一部分；神與人彼此分離了，而且雙方處於緊張關係，神審判人，並施加影響。此外，神彷彿坐在宇宙法則的**背後**，不是居於其前。

在早期由數學法則所支配的宇宙體系裡，如我先前所說，諸神只是這些法則的執行者，偉大的自然律統治一切。但當出現了一個由祂來訂定法律的神之後，祂說：「就這麼辦！」然後事情就得這麼辦。那麼你就得開始強調人格的重要性，而這種情況在美索不達米亞以東的地區並不存在。

因此近東地區的立場與西方的個人主義，兩者的關係較為緊密。然而，雙方還是有很大的區別。黎凡特地區強調的是服從。他們的想法是，神已經降下了啟示，並記載在經文中，包括祆教（Zoroastrianism）、猶太教、基督教、伊斯蘭教等在內，這些有編纂聖書傳統的近東宗教都是如此。這些宗教都有一本揭示真理的書，不容質疑。人所能做的，就是去了解它的內容。而那個質疑的人，根據定義，他就是一個惡人，一個遠離真理、遭人遺棄的異端分子。整個種族，乃至全世界，都可能因他而墮落。

事實上，近東地區的常見模式是先有神的話語，然後經由一個真正的傳統傳遞給民眾。這些地區的英雄典範並不是個體，也不是不斷轉世的單子，而是部落，或者如後來的基督教與伊斯蘭教所主張的那樣，是帶來真理的教會。個體不過是有機體的一個器官。個別的基督徒與所有基督徒一起在基督這個有機體，也就是在教會中合而為一。在希伯來神話中，亞伯拉罕的後裔，也就是上帝的選民，他們將在末日時獲得平反。而在伊斯蘭教中，這層關係則是由《古蘭經》裡的真主話語來確立。

在這些案例中，個體都要透過社群才能建立與神的關係，並不是私人關係。必須要有十個人出席才能舉行猶太的禮拜儀式，而這就是法定人數（minyan）的概念。在天主教會中，救贖只能透過聖禮來達成，而大多數聖禮必須由神父來主持。

它的概念是因為有人的墮落，所以要藉由社群來重建與神的聯繫。個體僅僅是以一個聽話的步兵角色參與其中罷了。

有趣的是，這個源自黎凡特的觀念在進入歐洲後，與西方人的個體觀念產生了衝突。你可以在早期的基督教社群中看見這個衝突，而他們試圖融合個體與社群這兩個理念。我認為你也可以從基督教的兩個審判概念中（即個人審判〔personal judgement〕和大審判〔general judgement〕）看到這個結合。每個人死後都要接受審判，那是個人的問題。然後，在世界終結時還有一個最後的審判，人人都要回來接受盛大的第二次審理。只有在那個時候，世界才真的終結。我們在此處看見了兩個傳統的結合。

歐洲人有非常強烈的個人主義傳統，可上溯自古希臘，也可在北歐凱爾特人和日耳曼人的異教傳統中找到。中世紀時，這個傳統遇見了社群、選民，以及團體之外無救贖的觀念。以色列首任總理大衛・班—古里昂（David Ben-Gurion）的這句話正源自這一傳統：「一個不住在以色列的猶太人便是生活在罪惡之中。」同樣地，教宗博尼法斯八世（Pope Boniface VIII）在一份教宗詔書中宣告了這一教義：「教會之外無救贖！」這完全是來自近東地區的傳統思想。那些不居住或不在聖域內祈禱的人，被認為是沒有信仰的人。因此社群即是英雄，是上帝的子民。

在更遠一點的東方，偉大的英雄既非個體也非民眾，而是靈魂，也就是不斷轉世的單子。〈因陀羅的謙卑〉這則故事充分說明了這一點。

因陀羅是眾神之王，他遵從「法」去追求成就，並擊敗了可怕的怪獸弗栗多。他沉湎於慾望之中，下令建造宏偉的宮殿用於享樂。

後來，毗濕奴和濕婆來拜訪他。在覺悟的那一刻，他所有的德行、成就以及快樂都化為了灰燼，於是他準備放棄一切，轉而投入下一場生命的遊戲。

東方世界的巨大衝突發生在我前文提到的三種人生目的，亦即美德、快樂及權力，與第四種人生目的（亦即解脫）之間的對立。因陀羅放棄了所有世俗的慾望，開始追求最終的目標，他拋棄一切事物，遠離了它們。這完全不是榮格所說的個體化。因為它取消了每件事，甚至也取消了自我。它取消了對快樂與成功的渴望，甚至也取消了對美德的渴望。

當因陀羅美麗的王后因陀羅尼發現自己的丈夫（也可以說是她的主神）準備離家前往森林時，她意識到自己也應追求「法」。因陀羅還沒完成他的使命，世界需要一位國王，而她也需要丈夫。於是她派遣祭主仙人在森林邊緣處將丈夫給勸了回來。

我認為我們可以從這則故事看見東方思想的全部可能性在其中運作。你會看見靈魂轉世觀念的力量、無我思想的力量、推動宇宙永恆運轉的力量，而個體僅在其中扮演著微不足道的角色。你也會看見故事為我們指出了兩條路：棄離塵世之路與返回塵世之路。

重生瑜伽的意象 68

✦通往太陽之門的旅程

當一種傳統不再能向他人傳遞它的訊息，例如西方的神話已無法再充分發揮其功能時，可怕的事情就會開始發生。社會的神話結構不再能支持個體的心理發展。在討論精神病時，我曾舉過思覺失調症現象學的例子。可以這麼說，思覺失調症的患者有如在本能意象的汪洋中溺水了。

且讓我們設想有個人奇蹟似地知曉該如何游過這片汪洋，穿過夜海，去到彼岸，並從海裡重生。

我們得先記住，在討論重生的問題時，存在著兩種模式。第一種是在時間中重生的奇蹟，這由月亮的盈虧為象徵。月亮會褪去陰影，就像蛇會脫下牠的皮一樣。因此，蛇也扮演了同一種原則的象徵角色，即生命會從自身的死亡中重生。正如我們所見，月亮的彎角與公牛的角往往密切相關。所以在傳統的神話中，公牛與死亡和再生的象徵有關。獻祭公牛，就象徵著獻祭人身上必死的部分，如此才能在解脫中走向永恆。

第二種模式是不再返回人間，也不再於塵世重生，而是徹底超越輪迴的範疇，達到一種超越的光明。它的經典意象是太陽。太陽全是光，而月亮則自帶著黑暗。無論太陽去到哪裡，那裡就沒有黑暗。只有那些不向陽光敞開的力量才會有陰影。因此太陽之門的意象代表另一種重生的時刻：使一個在陰影與時間國度迷失的人回歸永恆的根源，回歸他自身的偉大根源。

就像公牛象徵著月亮一樣，象徵太陽原則的動物是獅子，因為獅子有著一張寬闊且散發著光輝的太陽臉孔。也好比太陽東升之後就會掩蓋月光與星光，獅吼也會使正在吃草的動物四散而逃。你在古代和原始藝術中都會看見獅子撲向公牛的母題，尤其是在中東與波斯，那象徵著旭日東升之後，陽光撲滅了月亮。作為太陽之鳥的老鷹，則和蛇是另一組對比。因此我們就有了這些組合：鷹對蛇，獅子對公牛，太陽對月亮。

早期神話中象徵每年植物重生與復返的偉大人物，諸如塔木茲（Tammuz）[69]、阿多尼斯（Adonis）[70]以及歐西里斯等神祇，都與公牛有密切的關連。

但是，當我們提到佛陀這位超越所有輪迴的神明時，他的象徵就是獅子。你在印度藝術中看見佛陀的寶座時，就會看見獅子寶座。佛陀的教導被稱為獅子吼。我接著想說的是，如何學習像獅子那樣吼叫。

《瑜伽經》第一句格言是：有意識地停止心靈的自發性活動就是瑜伽。我們之所以能在摩耶的層次上見到彼此，是因為心靈中的這種物質有一個迴響，它形成了我們所見所聞的各種形式。當你迅速轉動眼睛，就會發現物質改變形式的速度非常快。當我們的心不停活動時，就像池水表面的漣漪，觸目所及皆是破碎的倒影。若是在風靜止、水中沉澱物完全沉澱的狀態下，先前僅在你的經驗中破碎的形態就會被完美地映照出來。因此，當心靈在瑜伽中平靜時，所有破碎的倒影，都會重新聚集，返回我們反射出的完整形象。此時你不僅能看到反射的天空，還能深入水下，那個自身存在的深處，而那時所見的影像是萬象之形，它在每個人身上都是破碎的形狀。

如果你能經驗到它，就會完全受它所吸引。而且，它可能會讓體驗者不願再回到先前僅能看見破碎形象的狀態。於是他會留在專注的冥想中，正如人們所說，肉身便會脫落，他已經回到了與真正的自我合而為一的狀態。我們所稱之為自我的那個我，即被我們認為是「自己」的東西，其實不過是我們真實自性的破碎倒影。而發現真實的自性，就是重新與我們自身的存在合而為一。

「唵」是那合一狀態的聲音象徵。前面曾提過，「唵」的首音 *a* ，它與醒覺的意識有關。我們一生中大多數的時間都處於這個狀態。當意識清醒時，人所見的事物似乎是與自我分離，也就是主客體之間彼此獨立。在這個層次上，亞里斯多德的邏輯支配著一切：a 不等於 b。*u* 與夢中的意識有關。當你進入夢中的意識，所有的邏輯法則都會產生改變。雖然你認為你看到的事物並不是你，但實際上你看到的就是你自己，因為夢境只是你自己意志和能量的顯現。你創造了夢境，卻對它感到驚訝。在那裡，二元性是虛假的。在那裡，主客體雖然看似分離，但它們是同一件事。

神靈和惡魔的國度，包括天堂、煉獄及地獄，都是夢境的物質所建構。從這個觀點來說，神話就是世界的夢。如果我們接受神靈為客觀的實體，那麼他們就是你夢境的對應物，這觀點相當重要，因為這表示夢境和神話具有相同的邏輯。這個觀點在現代心理學中可以看到，不僅是佛洛伊德與榮格的先驅性著作，也包括當代的心理學作家佛洛姆（Erich Fromm）[71]。由於在夢境中主體和客體看似分離，但實際上兩者同一，因此在神話（或宗教，如果你願意這樣稱呼）中看似在你之外的神，其實與你無異。你和你的神是同一的。於是我們得到了一個有趣的觀點。天堂與諸神都在你之內，在夢境這個層次上，與你自身意識的狀態完全一致。

「唵」的最後一個音是*m*，它將我們帶往深沉的無夢睡眠。意識在此處被無明和黑暗給覆蓋。意識會在此處再度出現。我們雖然意識不到這件事，卻不意味著它不在那兒。這不是用來認識事物的意識，因為此處沒有已分化的事物。它被稱為未分化的意識團塊（mass）。

各種瑜伽的目標就是在保持清醒的同時，進入那個未分化的意識狀態。

西方的語彙裡沒有可供對應的用法。即便在印度它也沒有名稱，僅被稱為第四種狀態。這就是「唵」的第四個音節，代表著靜默的層次。因為我們所說的所有詞語要麼指向清醒時的圖像和邏輯，要麼指向夢境中的圖像和邏輯，再不然就是指向無明。我們沒有詞語來表達這個狀態，因此它是終極的靜默，但這正是我們的本質。

與西方的宗教相反，東方宗教的全部目標，是在我們內心引發一種體驗，讓我們能體驗到與那非虛空的虛空合一，佛教徒稱之為空性（*śūnyatā*）。這是一種無法描述的經驗。真正的存在與奧祕是無法命名，也無法描繪的。所以任何偽裝成終極神聖的名字與圖像都是假名與假象，那僅是偶像。宗教的目標是幫助我們了解：我們自身的存在即是超越一切定義的存在。

你可以將任何事物置於奧祕的維度底下來檢視。你可以選擇任何一個物體，將其圈起來，不要從它的脈絡中去看它，不要認為它有某種目的或是由某些物質組成，而是單純地將其存在視為一種奧祕來檢視。你手中這本書，它存在的奧祕，與宇宙存在的奧祕是相同的。所以任何一根木頭或一塊石頭都可以被視為我們進入奧祕，或開展冥想的基礎。因此，東方宗教的目標是使你領悟，你自己與那個作為經驗而出現的神祕存在是一體的。

當然，我們的宗教並不追求與終極神性合一的經驗；事實上，這種經驗在西方會被當成典型的異端。我們的宗教旨在建立一種「非神」與神之間的關係。而這種關係是藉由參與神所選擇的社群，或其所創立的教會來實現的。在基督教傳統中，基督是真正的神，也是真正的人，我們以人的身分和他建立關係，而他則幫我們建立與聖父的關係。

在東方，每個人都是真神與真人。而宗教的全部目標就是去了解你內在的神性。因此，東方宗教的目的與西方宗教的構想相當不同。當你聽見了神的聲音，就是聽見了萬物之內的神性的聲音，它無所不在，你會為此著迷。這在東方本質上就是藝術的領域。藝術是藉由所冥想的一切事物來表達神性的聲音與光輝，這就是東方藝術的核心，讓人認知到萬物之中的超越性。

在昆達里尼瑜伽中，這份領悟對應著雙眼之間的眉心輪。靈魂會在此日睹能量全然綻放的至福景象。這就是我所說的，當池水靜止時所看到的景象，也就是萬象之形。

這種萬象之形，印度的用語是「自在天」，即上主，每個神都可被視為自在天的化身。你心中所抱持的神的形象，無論是耶和華、濕婆、毗濕奴、女神、基督、聖三一，或是佛陀的最高形象，都會在那裡被你體驗到。任何神都可以。而注視這一切的，是那已歷經多次轉世的*jīva*，你自身存在的靈魂。主體在這裡注視著那專屬它的客體。在這個層次上，第二脈輪的愛慾原則找到了它的目標：真正的摯愛，我們的靈魂所嚮往的摯愛，也就是神。而任何低於這個層次的經驗，都不算真正體驗過神。

羅摩克里希那曾說，雖然現在只到了第六脈輪，但此刻我們已經身處天堂。然後我們可能會問，還能想要什麼呢？然而，靈魂在這個層次所見到的只是有著各種特徵和屬性的形象，它並非全部。我們與它依舊分離，還未經驗到與它的合一。因此，我們要繼續朝最終的覺悟前進。

在這樣的觀點中，天堂是最後也是最終的誘惑。《瑜伽經》提到，當昆達里尼來到這個層次，就會在天堂中看到由神、聖人與聖徒所構成的神聖景象，如果就此認為「我辦到了，我來到這裡了，至福來臨了」，那麼你就會從這個層次墜落，因為你的自我被強化了。

羅摩克里希那說，這種經驗猶如隔著玻璃罩看一盞燈，那就是哈拉吉說的，飛蛾的痛苦在於想靠近火焰，卻只能撞在玻璃罩上。他想靠近火焰、成為火焰，並藉由與火焰合一來燒掉自己那分離的實體，這就是神祕主義者的目標。於是當撤去玻璃罩，兩者隨之俱滅。不再有神，也不再有注視者；沒有主體，也不再有客體。此時我們進入了超越一切的寂靜之境。這是所有東方思想的終極目標。

我們現在來到了一個相當奇特的奧祕，當你穿越眉心輪這個命令的中心後，蛇的力量已經在顯現界中達到頂峰，若繼續來到頂輪這朵千瓣蓮花，也就是創造的王冠時，會發生什麼事呢？

要怎麼去談發生在這兩處之間的奇異現象呢？這裡什麼也沒有。你不能說某件事情既是也不是。這件事情是不存在的事情，那裡什麼也沒有。在這裡的下方，萬事都是二元的。這條線就是摩耶的奧祕。摩耶（*māyā*）的字根源於*mā*，意思是測量、建造。摩耶就是建造世界的力量。

要記住，摩耶擁有三種力量。第一種是隱藏力，它會遮住終極真理的光芒。第二種是投射力，它會投射出破碎形式的世界。第三種是揭示力，這是在藝術中展現的力量，我們可藉由藝術的形式體驗到光芒。

你可以根據個人感知層次的深淺，來感知同一件事物的隱藏層面或顯現層面。當你用前三個脈輪的精神去研究一件事物時，隱藏力就會運作。但是當你在藝術的魅力中體驗到光芒，並在其中發現你真實的光芒——那是唯一的光芒，也是充分覺悟的光芒——那麼你就覺醒了，或者說，徹底開悟了。

在這些藝術的形象中，各種主題都被轉化為神話意象。上方的終極之光可被描繪成父親，沿著這條線，摩耶成為母親，而父親的能量要藉由母親來體現。例如，聖父、聖母、聖子的圖像中，聖靈就代表著聖父藉由聖母傳遞給聖子的實質能量。

而那也是印度女神伽梨所扮演的角色。在扮演投射力的角色時，她負責將所有的形式投射到存在中；在扮演揭示力的角色時，她是令人恐懼的毀滅者：她會摧毀萬物的存在，將它們與其源頭合一。她渾身黝黑宛如黑夜，因為她是虛空之母，萬物自她而來，又復歸於她。

這個奧祕也展現在濕婆上，特別是在濕婆化身為舞蹈之王的時候。此時他右上方的手拿著一個沙漏形的小鼓，鼓聲不停地咚咚響，象徵著時間的面紗，它遮蔽了永恆的維度。永恆並不是指一段漫長的時間，永恆與時間毫無關連。時間的思維正是遮蔽永恆維度的東西。因此當你想著自己還有沒有死後的生命時，你只是根據時間的角度在思考。這是月亮意識的思考方式。

然而，當你了解到永恆就在此時此地，了解到你可以在此時此地體驗到你自身的真實和存在的永恆性時，你會明白你既未出生，也未死亡，那麼你就在以太陽的奧祕、太陽的生命來思考和體驗。這個小沙漏創造出時間的世界和我們，將我們與永恆隔絕開來。濕婆左上方的手握著一團火焰，那是啟示之火，燃燒時間帷幕的太陽之火。右手職司創造，左手職司毀滅。一隻手會將你帶入虛幻的世界，另一隻手則會打開你的意識。

右下方的手所結的手印叫**無畏印**（*mūdra*），告訴大家不用害怕。同時，左

圖9：舞蹈之王濕婆

下方的手則做大象印或說法印。因為大象在叢林中行走，百獸皆會跟隨；偉大的老師走到哪裡，學生們都會跟隨。這隻手在做什麼？它正指著左腳。左腳抬起來，代表著解脫。右腳則踩在一個小矮人的背上，他的名字叫無明。右腳驅使我們進入無明的領域，左腳則帶來解脫。無論是創造或是毀滅，都不用害怕。儘管人在無明中轉世，但依舊能得到解脫。（本段落描述方向是以讀者視角撰寫。）

在跳舞的過程中，濕婆的頭始終保持平穩，這叫做**明點**（*bindu*），亦即永恆突破而入的點。他的右耳佩戴著男人的耳環，左耳佩戴著女人的耳環。這是二元對立浮現的領域。他的頭髮中有一個骷髏，象徵著死亡；還有一彎新月，象徵著重生。另有一尊代表恆河的小女神像，將神聖知識與經驗的恩典帶入有形存在的世界。

濕婆的身體被一圈巨大的火焰光環包圍著。這就是那位充滿整個宇宙，並在你身體的每一個原子和細胞中跳舞的舞蹈之神。而你就是濕婆，這便是終極的宣告：*Śivo'ham*，我就是濕婆。

✴中陰聞教得度：《西藏度亡經》

我前面用印度教的術語談了重生的象徵，現在我想用佛教的術語繼續探討這個主題。這場討論的重要文獻稱為Bardo Thödol，亦即《中陰聞教得度》（Hearing in the Intermediate State），或者由伊文斯－溫慈（W. Y. Evans-Wentz）與卡齊．達瓦－桑杜喇嘛（Kazi Dawa-Samdup）所翻譯的《西藏度亡經》（*The Tibetan Book of the Dead*）[72]。這個譯本附有兩篇非常完善的導讀，一篇是由伊文斯－溫慈所寫，一篇則是約翰．伍德拉夫爵士（Sir John Woodruff）所序，他是英語界最重要的密宗體系闡釋者之一。書裡還收錄了一篇榮格的評論，他指出了書中的象徵與西方心理學的聯繫。它是一本異常豐富的絕妙之作。

《西藏度亡經》是一本高度神祕的藏傳金剛乘（Tibetan *Vajrayāna* school）佛教作品。這本書談的是從去世到轉生之間的四十九天過程。然而它的目標並**不是**讓人轉生，而是若能中止你下降到轉生之路，那就再好不過了。

當你在臨終之際，你的上師（或稱喇嘛，*lāma*）會成為你的精神嚮導陪伴在側，他會告訴你，你即將進入一趟非醒非夢的神話旅程，而此時的你身處何方。這趟旅程超越了意識，事實上多數時候你處於夢境意識的狀態。這個觀念是，在死亡的瞬間，你會見到虛空與光明發出的亮光。然而，你若沒有準備好，就無法把握它。這個過程很可怕，因為你想抓住自己的人格，但它卻吹著你前進，[73]結果你又被迫回到輪迴的過程中。

因此，在你吐出最後一口氣時，喇嘛會說：「現在，你就站在光的面前，把握這個機會。我曾經教過你怎麼做，現在就去吧！好好抓住它。」這是通往第七脈輪，亦即頂輪的通道。如果你在此處失敗，就會降到第六脈輪的層次，那是光芒的層次，也是神靈的良善面。在佛教系統中，它是由五方佛（five *dhyāni* Buddhas）所代表的。第一位是毗盧遮那佛（Vairocana），手持象徵覺悟的雷電；接著我們會看見東方佛、南方佛、西方佛以及北方佛。這五尊佛以毗盧遮那佛為圓心，形成一個大圓。東方的佛稱為阿閦佛（Akṣobhya），他手持金剛杵，代表著覺悟經驗的圓滿。南方的佛為寶生佛（Ratnasambhava）意指「由寶石誕生者」，他象徵著覺醒之美的光輝。西方的佛是阿彌陀佛（Amitābha），無盡光輝的佛，也是大慈大悲的佛。北方的佛是不空成就佛（Amoghasiddhi），他代表著專注努力的佛。每尊佛都有自己專屬的顏色：東方佛是藍色，南方佛是黃色，西方佛為紅色，北方佛為綠色。他們會幫助你從恐懼與慾望中得到解脫，因為恐懼與慾望會阻礙你與佛心合一。

有時，你會看到簡單的**曼陀羅**（*mandala*）上繪有五種顏色，曼陀羅這個詞在梵文中指的是「圓圈」，四種顏色圍繞在外，白色的毗盧遮那佛位於中央。曼陀羅所傳達的全部理念，是將分離的各部分與中央處相連，使之重獲完整。它的想法是，當人冥想這個意象時，你的內在就會得到和諧。

榮格發現，讓病人繪製曼陀羅，可以幫助他們調和心理狀態。我們每個人都有不同的興趣與想法，以及彼此衝突的願望與理想。如果你能將其中一個願望放在曼陀羅的北方，把相對的願望放在南方，其他願望放在東方與西方，某種程度上，你就把自己整合在一起了，而你的心靈會在夢裡開始提示你如何協調生命中的不同渴望。

這就是這些事物運作的方式：這些宗教符號具有調和的力量，這便是神話的全部意義，它會幫助你調和個人的生命與整體的生命，也就是社會和宇宙的生命。

如果你依舊未能從墮落中解脫，你就會來到第五脈輪的諸佛面前，而他們相當可怕。

當你看著「唐卡」這些來自西藏的佛教長卷畫時，就會看見許多手持長劍，外表凶神惡煞的神明，他們通常長著許多臉，站在巨獸上，眾多的手臂上拿著各種兵器，抱著他們的配偶。因為男性原則與女性原則總是一起運作。不像我們那些多少帶有父權偏見的傳統，會認為上帝或類似的神明只能是男性。他們的男性與女性原則是共同運作的，而這些駭人的神明會粉碎我們對自我的執著。

如果我們願意放手，那些慈祥的諸佛本來會讓我們解脫，但我們不肯，所以現在真正的力量來了。然而，對於解脫這件事，這些凶神惡煞的神靈，他們其實與慈祥的諸佛相同，只是方式比較殘酷，因為我們也以殘酷的方式執著於自我概念。在來到第五層時，我們再次見到了五方佛。這一層有個有趣的地方：他們在此代表著惡習，是自我中心主義以及驕傲的惡習。但是，驕傲的惡習只是美的德性的反面。而慾望的惡習則是慈悲的反面。嫉妒的惡習是專注或努力這項美德的反面。因此，只要穿越我們的惡習來轉化，人也可以得到救贖。喇嘛會告訴亡者：「記住，這些只是你自身心靈意識所顯化出來的樣貌而已。」

如果我們還是無法放下，那危機就要出現：我們現在已經非常接近投胎的危險邊緣了。我們來到了第四脈輪，而這是跟審判有關的脈輪。你應當還記得，這是信徒觸碰到上帝雙足的地方，而現在他可能要失去這雙足。就我看來，這就是我們現今大學校園所處的位置，那就是介於沉思與行動主義之間。如果你回應經文中所稱的「業力之風」，也就是呼喊著「殺」聲的行動之風，那就會失去一切。這其中確實是有得有失。

你必須謹記：無物可守，無物可得，也無事得做。如果你忘了這一點，背後將會出現由三股力量所構建出來的巨牆，你就再也不能回頭了。這三股力量就是貪、嗔、痴。[74]它們是推動世界運轉的力量。

此時審判之主閻羅王現身了，他的形象是多臂的巨大公牛。西藏傳統中四處可見這個形象。他的獄卒會一起出現，將你大卸八塊，你的內臟會被掏出來，東方化文中所有你能想到的各種酷刑（而且非常多樣到可編成一本小辭典）都將在你身上施展。此時你必須這麼想：這只是我們自身念頭的顯化而已。

你若無法這麼想，就得啟程前往最後階段。在這一點上，我們再次看見了佛洛伊德的心理學。如今靈魂在下降的過程中來到了第二脈輪，看見了男女交歡的場景。喇嘛會對死者說：「千萬不要往那裡去。」如果你沒照做，接著就會發生一些令人愉快的體驗。[75] 如果你投生為男性，就會喜愛你的母親，厭惡你的父親。如果你投生為女性，就會喜愛你的父親，厭惡你未來的母親。佛洛伊德是不是讓我們學到了一點東西？

在經歷了這一切，經過這四十九天的種種災厄，由至高的意識下降到此處，一個小生命哭哭啼啼地誕生了，他認為自己初來乍到。但事實是，一切又將重演；靈魂再次回到了世間。

這就是我們所見的在各種靈修派別背後的東方觀念。它的目標是：找到你內在的本源。

如果能夠做到這一點，如果有人在清醒時達到無分別的意識，則會有兩種反應。假設你找到了光明，並凝視這靜止的池水。你就可以安心放下你的肉身，彷彿只是閉上雙眼，然後與這個中心的超越性體悟合為一體。或者你也可以睜開眼睛，欣然觀賞萬物之形的變化，透過事物的各種表象看到那唯一的形式。這是肯定世界的態度，它肯定每一件個別的事物，即便那是怪物。

當我在印度旅行期間，曾四處探詢，想找一位能和我討論奧祕問題的智者。我後來選擇一位活在現實世界中的智者，他的眼睛是睜開的，他肯定世界。

他的名字是斯里．克里希那．梅農（Sri Krishna Menon）[76]。他曾經擔任過警察，在印度，警察並不是一個特別受尊敬的職業。然而，他卻是一個偉大的聖人。我被引薦給他時，他正在屋裡頭坐著，他旁邊有張椅子，因此我就坐下了。我們帶著敬意彼此問候，接著他問我：「你有問題想問我嗎？」然後，我有幸向他提出他在第一次見到他的**導師**（*guru*）時所問的問題。因此我們聊得非常愉快。

我問他的問題是：「既然我們知道一切都是梵，都是這神聖的能量，那麼為什麼我們要捨棄世界，為什麼要捨棄惡行，為什麼要捨棄愚昧？為什麼我們不去看那在最殘暴、最可怕、最愚蠢和最黑暗的事物中所閃現的神性呢？」

他回答我：「對你我來說，那正是它所在的地方。」

東方神話的創造力 77

✦光的化身：印度藝術

在印度古典文學技巧的教科書裡頭，指出了四種藝術家應該關注的適當主題：第一類是抽象的特質，例如善良、真理、美好；第二類是關於行動與各種情緒，例如斬殺怪物、殺死敵人、追求愛人，或憂鬱與極樂等情緒；第三類是各種人，例如婆羅門、剎帝利、商人、情人等；第四類是各種神靈。你會發現，他們全部是抽象的。他們對個體以及獨特的個別現象沒有興趣。當我們觀察印度藝術的壯麗全景時，你會看到幾個不斷重複的主題：美麗的主題、持久不變的主題，這些母題一再重複。如果你將這些繁複的形式與文藝復興後的歐洲作品比較，你會被這些缺乏個性變化的作品給震驚。

想想米開朗基羅（Michelangelo）[78]或達文西（Leonardo）[79]的作品吧！他們花費了大量時間和精力去刻畫我們所謂的性格、個性和個人的獨立性，以使人們意識到這是一個獨特的存在。這完全與東方的藝術精神相反。西方藝術強調個體是一個獨特的現象，對個人的風格應該加以培植並使其成長，也就是說，要讓某個從未存在過的事物開花結果。我們也同樣強調個體對某些事物的個人責任感，我們把它稱為個體或自我的發展，這些觀點都與東方的思想與藝術格格不入。東方的藝術家在呈現作品的形式時不僅必須以典型為依據，也要避免在作品中表現出個人風格。當西方人在與藝術家交談的時候，經常會聽到創意或個人表達這樣的概念、藝術家經常為尋找自己獨特的語言和理念而苦惱，這些我們習以為常的美學討論，不僅與東方精神格格不入，甚至背道而馳。

當然，西方的思想對東方宗教來說也很陌生。後者關心的乃是自我的泯除、個體的泯除，以及當下的稍縱即逝，這個當下僅僅是「我」(*aham*)的瞬間。這種對固定類型的強調有時的確會暴露東方藝術的劣勢：相對枯燥的照本宣科，反覆地重現刻板的印象，不關注喚起原型意象。不過，我不想討論這個主題的負面影響。我想要談論的，是印度藝術如何將萬物中的永恆性給呈現出來的偉大奧祕與技巧。這是一首美妙的歌，當人們讀到《薄伽梵歌》或任何東方哲學的偉大文獻時都會聽見。這是那不朽精神的頌歌，那精神從未誕生，也從未死亡。它在萬物中誕生，在萬物中活著，並在萬物中死去，它的光輝為萬物賦予榮耀。這是梵之歌，它在印度藝術及東方藝術中被吟唱。我想討論的就是那首歌、那股衝動。

印度藝術家也算是某種瑜伽士（我等一下就會談到東亞的藝術家）。他們要先學習身體技能與手工藝，然後執行師傅交代給他的任務，完成他自己應該做的工匠活，才能成為一名真正的大師。接著他才能得到委託去建造寺廟，或設計那些由他的工匠們執行的雕塑裝飾。他必須冥想，以便在他的精神和內在之眼中喚出想要描繪的神祇形象。當你讀到有許多東方的寺廟，甚至東方城市的起源，是源於一位偉大的神聖君主所見到的夢境或異象時，會覺得這是多麼奇妙的事。我覺得這就是為何當你今天走入一些偉大的亞洲城

圖10：恆河沿岸的貝納勒斯

市時，會感覺自己彷佛置身於夢中世界的原因。城市的設計概念相當夢幻，而且事實上它經常是在夢裡構思出來的。這個夢境隨後被盡可能地用石頭和磚塊給建造出來。

如果有藝術家要描繪某位特定的神祇，例如毗濕奴，那他得先讀過所有與之相關的文獻。當然，他早就在學徒時期就熟悉這些文獻了，但他得重新複習，以便精確掌握這位神祇的特質、符號與象徵。然後，他必須靜心凝神，並在心裡誦念神祇的種子字

（seed syllable）[80]；也就是說，他必須發出與神祇形象相對應的語音。然後，如果他有幸得到神明的恩典與顯現，那麼，神將會以光的形象出現在他的心中，這便成為了他創作的藍本。印度藝術最傑出的作品是對異象的真實呈現，它們不僅具備這種異象般如夢似幻的特質，同時也展現了驚人的活力和形體上的力量感。

簡單來說，這種思想是如何看待藝術的？藝術是對各種形式的調度及安排，它能藉由形式自身顯示出萬物中本就存在的神聖本質。藝術的光輝和魅力，是能讓我們在他者身上認識自性（self）的光輝與魅力；這個自性不是**自我**（ego），不是那個被世界所觀看的「我」（I），它寓居於「阿特曼—梵」之中，

圖11：宇宙之蛇阿難陀庇護下的毗濕奴，約18世紀。

而「阿特曼—梵」則存在於萬物之中。它就是發音為「唵」的自性，所有的音樂都是「唵」，而萬物都是梵。因此，東方藝術展示了你所尋求的萬物之神性，而從東方的角度來看，神性並不是獨特的，而是普遍存在於萬物之中。

你應該還記得，在昆達里尼瑜伽中，「唵」最初是在第四脈輪被聽見的聲音。我必須說，昆達里尼的攀升路徑生動地揭示了東方藝術的目標與技法。印度藝術特別關注第四脈輪往第六脈輪的過程，你在此處或者是藉由注視世間萬物來體驗神聖的光輝，或者是直接注視神聖的存在本身。印度藝術的特點是它對神聖存在的強調，因為印度藝術主要是在描繪神祇的樣貌。你翻閱那些印度藝術的經典畫冊時，就會看到一個又一個的偉大神祇。當你參觀印度神廟時，也會發現它們的非凡之處。它們突如其來地出現在風景裡，但它們不是風景的一部分，彷彿是從一個更高的領域降臨在土地上。這些奇妙的洞窟直接鑿刻在岩石中；當你走進洞窟時，便擺脫了雙眼所見的世界，進入一個由超越顯化而成的世界。總體來說，印度藝術旨在消除肉眼所經驗到的世界；它彷彿打開了雙目之間的第三隻眼，見到了永恆的景象，這是一種對天堂的觀照。

圖12：恆河的降臨

✦光明與黑暗：東亞的藝術

我們若將目光轉至遠東地區的中國或日本，就會感受到截然不同的藝術情感。佛教從印度傳入遠東，並隨之帶來了這種描繪天堂和上界神祇的美妙藝術。然而，遠東的心靈有著更加貼近人世與現實的自然傾向，對萬物與物質世界也更為投入。正如鈴木博士所指出的那樣，在印度，用來指稱「無數」的詞語，也就是英文的 innumerable（無法計算的），這個詞在梵文中經常出現，用來表示在一劫（*eon*）[81]的時間長河中所流逝的時間數量。而在中國，用來表示世間一切的詞則是「萬物」。在印度，你會遇到無數、無數又無數，夢境、夢境與夢境；而在中國及日本，他們卻喜歡用「萬物」來表達同樣的意思，此時此地的所有事物，就是他們關切的。所以，普遍來說，這裡的重心轉移了，重心從第六脈輪轉移到了第四脈輪。在第六脈輪裡，上帝以純淨之姿顯現，或諸神在靈光一閃中出現；而第四脈輪則是這個由自然與人類所構成的美麗世界。在後者中，人們關注的是這個世界不同特質的顯化，而這些顯化無不展現著永恆原則的神聖光輝。

在遠東地區，我們可以辨認出兩種偉大的藝術形式。第一種是佛教形象與其他的神聖形象，這類藝術源於前文所述的印度教幻象世界。但中國與日本山水畫的藝術——那些美麗的鄉村掛軸畫——卻有著相當不同的精神。

在這些藝術的背後，隱藏著遠東本土的哲學，也就是中國的道家哲學。正如我們所知，「道」的意思是道路。這是自然之道。自然之道就是光明與黑暗交互作用之道。有兩個原則以各種變化組合，構成了世界及其運作的方式，這兩個原則分別是陽和陰。這兩個字有時也被譯為男性與女性原則，但這不是它們最初的含義。陽和陰的起源義是溪流的向陽面和背陰面；陽是向陽面，陰是背陰面。向陽面是什麼樣的情況？它是光明、炎熱的，太陽的熱度帶來乾燥。而在背陰的那一面則是大地，那裡因沒有陽光而寒冷，內部顯得潮濕。一面是潮濕、寒冷與黑暗，另一面是炎熱、乾燥與光明，這兩者相互對立互補。大地與太陽分別對應女性與男性原則，以及被動與主動原則。這是一個非常深刻的象徵。

此處沒有道德的律令在內。它並不是祆教及聖經傳統的光明之子與黑暗之子的戰爭。光明並不比黑暗更好或更強，黑暗也不比光明更好或更強。它們僅是世界所依賴的兩種平衡原則；光明與黑暗。

當我望向窗外時，觸目所及除了光明與黑暗外，還是光明與黑暗。無論望向何處，皆是如此。藝術家可以拿起畫筆，將黑色繪在白色畫布上，呈現出自然界的所有變化。透過明暗的使用，他得以描繪出各種形態，而這些形態的本質都是由光明與黑暗構成的。這是非常奇妙的事情。光明與黑暗的外在形態，是其內在本質的顯現。因此，藝術家用他的畫筆操控著自然界背後的基本原則，可以說，藝術品揭示了世界自身的本質，而這本質正是明暗兩大原則以千變萬化的形式相互作用。欣賞這個相互作用的樂趣，是一個不願打破宇宙壁壘，希望留在世間，和偉大的陰陽兩極變化一起合奏共舞之人的喜悅。

為了體驗眼前的事物，藝術家必須觀察，而觀察是一種被動的、陰性的活動。人無法更用力地看，你不能對眼睛說：「再多看一點！」你只需觀察，世界就會向你走來。有一個奇妙的詞「無為」可用來表達這種狀態，它的意思是「不刻意作為」。它不是指什麼都不做，而是指不強求任何事物，唯有如此，事

圖13：〈攜琴訪友圖〉，蔣嵩，約1500年。

物才會向你敞開。正如神祇會向冥想中的印度教徒顯現一樣，世界也會在遠東藝術家沉思的目光中顯現其自身。在東亞，世界以其自身的自發性來形成它自己，這種自發性源於藝術家本人的自發性，然後由畫筆自然地表達出來。它既非人為的造作，也非事前的計畫，這是道家思想的基本理念。

李約瑟（Joseph Needham）博士在其傑作《中國的科學與文明》（*Science and Civilisation in China*）第二卷中，用「**理**」（*li*）與「**則**」（*tse*）這兩個字來闡述法則的含義。[82]「理」這個字指的是玉石上的紋理，生命的自然紋理，它是自然法則，亦即宇宙內在的法則。而「則」指的是銅鼎上鐫刻的紋路，人為的記號。「則」這個字指的是社會制定的法律與規範，亦即相對於自然法則的人為法則。「則」是人類心智所構思的法律，它與「理」，也就是作為自然模式的律法，形成了對比。藝術的功能是了解後者，即自然的律法與模式，以及它的運作方式。為了理解它們，藝術家不能強加任何人為的法律於自然之上。

因此藝術家的任務就是去協調他對自然的概念（這裡指的是他對於該做什麼，以及他所學到的行為規範的概念）與自然的既定形式之間的關係，這個任務雖然美好，卻需要審慎以對。這便是「無為」，它是做與不做之間的平衡，藝術家藉此方能創作出完美的作品。

可以這麼說，這種「以無為而為」的精神存在於遠東地區所有的傳統行為中。我在日本旅行時曾觀賞過相撲比賽，那些大個子為此進行著奇妙而狂熱的比賽，有人說，這是「胖者生存」的體現。[83]在比賽過程中，相撲選手大部分時間都處於蹲姿，緊盯著彼此。他們這樣做大約四次，在此期間，觀眾們全都全神貫注且興奮地觀看，突然「砰」的一聲，他們互相抓住對手，在五秒鐘內，其中一方就被摔倒在地。在準備動作的過程中，他們在做什麼？他們應該是在尋找那個中心和無為的點，找到這個點，動作才能自發性地出現。而沒有找到這個中心的人，就是跌坐在墊子上的人。

在日本，你如果想成為一名劍士並跟著劍道師父學習，他可能會先讓你做些洗碗之類的雜事。然後他會突然冒出來，不時地敲你的頭。接著，你開始起了防範之心，等他從「這邊」過來，但他卻從「那邊」出現。經過幾週之後，你學到最好根本不做準備，因為你心裡若有防範下次攻擊從哪邊來的想法，就會把注意力放在錯誤的方向，然而攻擊不會從你預期的地方出現。你的精神必須保持絕對穩定平衡的狀態，並自然地做出反應。這是劍道藝術的基本功課。

我聽過一個有趣的故事，一位劍道師父對身邊的弟子們說：「無論誰能以任何方式嚇我一跳，我都會向他鞠躬。」日子一天天過去，弟子們試圖捉弄這位老頑童，但沒有人成功。有一天，師父要了一些水來洗腳，因為他剛從泥巴地裡走回家。這時，一個十歲左右的小男孩端來了一盆水給師父洗腳，但是水太熱了，於是師父說：「拿涼一點的水來。」小男孩卻端來了一盆熱氣騰騰的水，師父沒有留意，把腳放進了熱水裡，又迅速抽了出來。接著，他深深地向那個小男孩鞠躬。

怠慢疏忽就是錯失生命當下，這兩者的罪過是相同的。無為而為的藝術就是時刻保持警覺的藝術。這樣你才能時時刻刻體會你的生命，你無須做任何事情，因為生命就在你體內，它在你體內運作，為自己發聲。

在所有的東方社會中，包括印度、中國或日本，藝術並不僅僅是畫布、畫筆或雕塑的藝術，而是生活的藝術。庫馬拉斯瓦米指出：「在傳統東方，藝術家不是什麼特別的人，而是每個人都是一個特別的藝術家。」[84]正如你所見，這份對存在的覺察乃是核心原則，所有的手藝與生活中的一切行為，都是體驗這份神聖存在的機會，而所謂的神聖存在就是我們的生命。

藝術家的功能在於以其特別的敏銳度將經驗呈現給觀眾的感官。正如我所說，印度藝術家和印度人的心靈傾向於遠離塵世，在第六脈輪中看到神靈。而中國的道家藝術和日本的禪宗藝術則傾向於觀照自然。

在古代中國的傳統道家藝術作品和詩詞中有一種遠離塵囂的傾向，它會嚮往鄉村，遠離人群，想和大自然獨自相處。但日本跟英國一樣，地狹人稠，幾乎無法完成這個願望，人也無法在任何地方獨處；即使你爬上高山，也會發現山頂上已經有一群人在那裡，你因此無法逃離社會或人類。

如你所知，日語會使用一些中文的漢字或表意符號來表達比較複雜的概念。因此，中文與日文的「自由」是完全相同的漢字。事實上，中文的「自由」意味著「遠離社會的自由」，於廣闊的蒼穹下，在迷霧籠罩的山頂上採著蘑菇，沒人知道我在哪兒。[85]但是，日語對自由的解釋是「在社會情境中的自由」，那意味著你在既定的環境中，也就是在社會強加於你的條件和社會規則之內尋找自由。你在這個情境內找到你的自由，因為你意識到那閃耀於自然中的生命也同樣閃耀於人類和社會之中。

日語中有一個奇特又非常有趣的地方。他們有一種稱為「遊戲語」（*asobase kotoba*）的話語形式，這類話語的形式非常溫和有禮。在這種形式中，日本人不會說「我知道你來了東京」，而是說「我知道你在東京遊玩」。它背後的理念是，人們是自願在做他們所做的事情，就像參加了一場遊戲。人生就是一場遊戲。這種說法甚至會運用在你聽聞某人父親去世時，你不說「我聽說你父親去世了」，而是會很溫和有禮地說「我明白你父親駕鶴西遊了（has played at dying）」。

我認為這是一種對待生活的好方式。我們全心去做我們必須做的事，就像在玩一場遊戲。這正是尼采所說的對生活的熱愛，即「命運之愛」（*amor fati*）。這也是史賓格勒（Spengler）引用塞內卡（Seneca）[86]的話時所表達的觀點：「順應命運者，命運引導他；抗拒命運者，命運拖著他。」你必須往前走。因此，人要明白，既然我們來到這個世界，就代表著是我們自己想來，否則我們不會來，這也部分反映了東方的輪迴觀念。既然你在這個時代來到這個世界，就代表是你想在這個時代來。這是你選擇的大事，所以不要失去勇氣。迎接挑戰，參與這場遊戲吧！

我相信大家都玩過各種遊戲，所以應該知道，最有趣的遊戲通常是那些最困難的。擁有最複雜挑戰系統的遊戲，才是真正吸引你的遊戲，如果你真的想玩下去的話。

藝術家也一樣，對於藝術，他們也不會因為簡單的任務而滿足。他們喜歡挑戰，喜歡困難的事物。如果你可以寫一首十四行詩，為什麼要寫打油詩呢？

這種態度在日本的藝術中得到了生動的體現，比如茶道。日本人的生活非常拘謹有禮；即使是進出一個房間，你也會在這個過程中犯下一大堆錯誤，你動作笨拙又惹人煩。總是出錯。然而，為了讓這一切變得更困難，還有精緻繁複的茶道儀式等著考驗你。

我認識一位住在京都的老太太，矮小的她已經鑽研茶道六十年了，至今每週都還去上兩次的茶道課，她講話時總是使用「遊戲語」。如果你在放下那把用來取茶並放入茶碗的小茶匙時歪了十六分之一英寸，那在場的每個人都會發現。這比穿著雨靴面見英國女王還糟糕；所有的一切都得無比精確，始終如此。茶道的挑戰是用優雅和輕鬆的姿態完成這件極為困難的事情，還要同時進行看似隨興的聊天。有一天，我在欣賞她的表演時，想起了我在哥倫比亞大學田徑隊當運動員的往事。我們練習時會穿著厚重的運動服，這樣的話，在比賽時脫掉運動服就會覺得身體變輕，跑起來也更自在。茶道結束後的感覺也一樣：你會覺得在日本的生活變輕鬆了。

這種將藝術視為人生遊戲的態度，或將人生遊戲視為一種藝術形式的態度，是美妙、充滿活力且愉悅的方式，可用來面對生活的課題。這與西方的觀念形成了鮮明的對比，西方人的觀念是基於普世的罪惡感：人類曾在伊甸園裡墮落，我們從此陷入了困境。東方的觀念是：世界是上帝的遊戲。如果我們選擇將祂想像成一個人，那這就是他在玩的遊戲。當然，有人會在踢足球時受傷，有人會從馬上摔下來，有人會從車裡摔出來，每種遊戲都會有人受傷。即使是下棋，你也可能耗費眼力和腦力。某種角度來說，遊戲之所以有樂趣，在於它帶有一定的風險，而既然這是為我們設計的遊戲，那就接受它吧！因此，生命的本質就像是一種遊戲、一種玩樂的行為，而藝術就是對它的至高與最核心的表達。最終這仍與印度的觀念相呼應，亦即世界是上帝的遊戲。因此，生活的各個層次皆能與藝術構成一種奇妙的共同體。

中國有一個故事，主角是一名姓朱的年輕書生。有一天，他和一位朋友去山中散步。他們發現了一座破敗的古老寺廟，寺廟已經倒塌，只剩下幾面牆還矗立著。破廟中住著一位老和尚，當兩位年輕書生到達時，老和尚接待他們參觀了這座破廟。

在其中一面牆上，殘留著一幅非常迷人的畫作。畫裡頭有一座小鎮，街上站著一名垂著頭髮的姑娘，這表示她還沒結婚，因為已婚婦女通常會把頭髮綰起來。朱姓書生看著這幅畫，立刻愛上了畫中的女孩。他被她深深吸引。於是，老和尚施法讓他在不知不覺中進入了畫裡，來到女孩的身邊。少女對他說：「請進。」於是他走了進去，兩人陷入了熱戀，繾綣數日。

後來，少女的同伴們來了，對著她說：「噢！噢！妳的頭髮還垂著呢！

該把它綰起來啦！」於是少女綰起了頭髮，兩人就這樣在小鎮裡生活了好一段時光。

有一天，他們聽到外面傳來一陣巨大的噪音，原來是當地的官差前來搜查外來人和異鄉客。現場一片混亂，少女急忙對他說：「你最好躲起來，快逃到這裡去！」他東奔西躲，很快就從畫中跑了出來，返回了他先前看畫時所站的位置。那位一直找不到他的朋友見到他返回而高興，當他們轉身再看向那幅畫時，你猜怎麼著？畫中的少女已經把頭髮綰起來。[87]

我想我不用特別解釋這則故事的寓意了。

我想簡單地聊一下禪宗來當作結尾，因為我知道禪最近變得很流行。你可能知道，「**禪**」（*zen*）這個字是日語對中文「禪」（*chán*）的發音。而這個中文的「禪」則是對梵文「**禪那**」（*dhyāna*）的發音，「禪那」的意思是「冥想」（contemplation）。冥想什麼呢？冥想那些我們應該冥想的事物，也就是寓居於萬物中的神聖存在。在印度，這種冥想經常是以佛陀打坐、冥想，或昆達里尼的攀爬來表現。這是僧侶遠離塵世、轉向內在，並在內心禪觀的方式。

然而，還有另一種冥想的方式，這就是風景畫、中國藝術和道家的方式，亦即透過萬物來觀照事物。這被稱為步行禪（walking contemplation），你得四處走走。當佛教從印度傳入中國後，它逐漸與中國人的生活態度產生同化。在八世紀，這種轉變使得禪更傾向於步行，而不是靜坐。人們應該在步行中，在生活的過程中觀照萬物。

隨後，這種禪宗或觀照性的佛教，在十至十二世紀間傳入日本。這是日本中世紀的鼎盛時期，即所謂的平安時代，正如紫式部在《源氏物語》中所描繪的那樣。由於禪宗很強調用警覺的態度去生活和體驗人生，因此這種觀念對武士階層來說非常合適。

同樣地，在同一時期的歐洲中世紀盛期，有戰士祭司和僧侶騎士。基督教的十字架同時也可以倒握，成為一把利劍。同樣地，在日本，有武僧（亦即武士）所奉行的修道紀律。我前面提過劍道和相撲；這些運動和戰鬥方式就體現了步行禪的原則。因此，日本的禪宗便與武士道結合，成為非常重視軍事紀律的修行方式。你可以發現禪宗也強調嚴格的紀律。

幾個世紀以來，日本的佛教在許多方面都有了長足的進展。然而，有趣的是，如今在日本的禪宗寺院，反而最堅持強調坐禪的方式。走進禪堂內，你會驚奇地發現那些年輕的禪僧像雕像一樣端坐。一位肩上扛著超過一碼長棍的僧人在裡頭四處巡視，那棍子就像一件武器，任何看起來快睡著的年輕禪修者都會被他狠狠地打一下肩膀。這就是日本如今的禪宗。這是一項極為嚴格的禪修和開悟方法。

日本的禪宗傳統與中國的禪，有兩種截然不同的修行方式：一種是靜坐冥想，另一種是步行冥想。但是請記住，東方人是遵循社會規範而行走的，這是一種在社會框架內的自由。

觀察今天日本的禪修實踐，你不會看到像禪宗頹廢派或狂放的達摩流浪者那樣的人。[88]相反地，禪宗對生活形式的態度更為嚴格，而覺悟（不論是禪那、禪、冥想、觀照）則發生於高度形式化的社會情境中。

禪是茶道的偉大源泉，我認為當人們想到禪的時候，應該優先想到茶道這種高度強調紀律的遊戲方式，而不是那種「放任一切，追尋自然」的浪漫方式。

我個人的感覺是，如果不以前文所探討的方式來理解禪，那麼，東方將藝術與人生視為一場我們熱愛參與的困難遊戲，此項課題就會被忽略。少了這個脈絡，西方人就無法真正理解東方宗教。

第3章

渡往彼岸的渡船

89 耆那教：遁世之路

關於靈魂，它的有趣之處在於，這個投胎的單子、轉世的原則，其本質上是絕對純潔的。靈魂就像一個純淨的泡泡，它沒有任何特質、個體性，以及性格可言。它僅僅是「阿特曼－梵」的一種表現。然而，它受到了業力和塵世的汙染。事實上，整個世界不過是一團不停翻湧著的單子，它們受困於世界的粗糙物質中。

耆那教奉行一種嚴格的二元論：物質不等於精神。他們認為，每個人都有兩個自我，一個是純粹的自我（pure self），另一個則是在塵世中活動的自我。所有的行為都會汙染這個自我，即使是最純粹無瑕的行為也是。據說依據不同行為，會有六種顏色注入到靈魂這個單子中。最粗鄙卑劣的活動會將靈魂染成黑色，接著是深藍色，然後是煙灰色，再然後是火紅色，然後是黃色，最後是白色。記住，靈魂本身在其純淨狀態下是半透明的，它甚至不是白色的。

在耆那教傳統中，宇宙被認為是一個具有人形的巨大生命體，當巨人被想成女性時，她是世界之母；當巨人被想成男性時，他是一位站立的瑜伽士。我們所生活的世界正位於肚臍處。天界位於巨人的胸部以上，地獄則位於他的腳趾。位於最底層的眾生是深黑色的。往上是深藍色的，再往上則是煙灰色的，再更上面是火紅色。在胸部的位置，他們是黃色的，在最頂端則是白色的。瑜伽士的目標是穿越這些領域，最終到達頭顱的頂端，也就是頭部的王冠位置（某種程度上這與昆達里尼瑜伽的七個階段有關，它可能是這類傳統的晚期發展）。在宇宙的頂端，不同的得勝瑜伽士（victorious yogis），也就是征服者，或稱為「**耆那**」（*jinas*），就像漂浮在天花板上的氣泡一樣，懸掛在宇宙之巔。他們已經達到了「解脫」，從**輪迴**（*saṃsāra*）的循環中解放。所有的個體性都被完全清除，因此這些得道者全都一樣，無法加以區分。到了這個階段，就不再有個性或差異存在。此處，我們再次看到了典型的東方

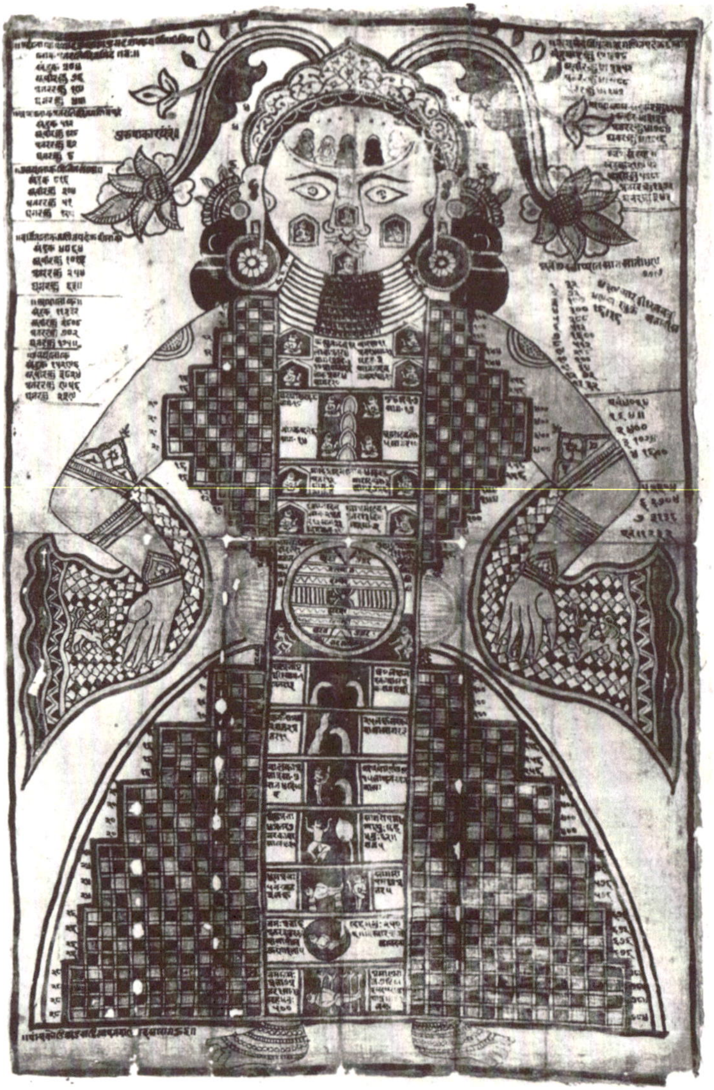

圖14：耆那教中以大母神形象出現的世界圖像

母題：無個性，把消除自我作為人生的目標。所有的個性都不完美，是業力的標誌，也是對某種錯誤幻象的執著。

在無數輪迴轉世的過程中，修行者的目標是成為眾多耆那之一，就像一個純淨無瑕的氣泡。為了達到這個目標，你必須進行一些非常嚴格的瑜伽練習。耆那教的瑜伽是基於這樣的理念：你必須停止行動、停止移動、停止進食、停止思考、停止感覺，最終停止呼吸。若你在去世時沒有完全平息對生命的所有興趣，那是沒有用的。如果你心中還留有一絲「啊，如果能再……不是也挺好嗎？」這類的念頭，你就會再次轉生。

此外，隨著你沿著這條路徑前進，瑜伽的要求也會越來越嚴格。每次輪迴，你都會積累更多返回塵世的壓力，因此在這嚴苛修行的最後階段，哪怕是最微小的事情也可能使你遭到驅逐，立刻回到最底層。

正如叔本華所說：「生命本不應該存在。」[90]如果你對此嚴肅以待，那麼，你就會離開。當然，離開並不容易，因為你若帶著怨恨的心情離開，就會再次返回塵世對別人做壞事。正如我們所見，靈魂必須努力從這個世界中解脫，放下恐懼與慾望，回歸與梵的合一。你要做的是止息慾望和恐懼，然後你就會像一盞燈那樣熄滅。你達到了涅槃，如一簇被吹熄的微弱火苗：噗嗞，噗嗞，熄滅了。

說起來容易。那我們該怎麼達到涅槃呢？

有兩條路可走。一種是依靠自身的力量，日語稱之為「自力」(*jiriki*)。另一種則是日語中所謂的「小貓之道」，即「他力」(*tariki*)或「外力的幫助」。就像小貓需要貓媽咪用嘴叼住牠的後頸，把牠帶到安全的地方一樣，有些靈魂也需要外在的力量來幫助他們超越自我。

禪是自力之道，你需要靠自己完成解脫。另一方面，在菩薩和佛陀的偉大神話世界中，他們的恩典、慈悲和憐憫則提供了能量，使我們能從幻象束縛中得到解脫，這就是他力之道。這也是通往神話的道路。神話形象是一種能幫助你的外在力量；藉由它，你就能從世俗世界的束縛中得到解脫。我們有各種代表下層脈輪的次等力量的神靈，但也有代表心智意念中最高力量的終極神靈，後者體現在佛陀、菩薩，以及印度教的神祇形象中。

在《奧義書》時期之後不久，便出現了避世傳統和否定世俗的思想，例如：上座部佛教（Theravāda Buddhism）、印度教（這兩者我在後文會更詳細探討），以及耆那教。

耆那教在中世紀時期極其重要且深具影響力。但如今，它的影響力僅限於一個很小的群體，他們信徒的數量在十二、十三和十四世紀期間顯著減少，這個小群體目前主要集中在孟買（Bombay）和亞美達巴德（Ahmedabad）北部。耆那教非常重視修行瑜伽。在他們的傳統中，有許多傳說描述了接續出現在世上的二十四位救世主或瑜伽士。最近的一位是歷史人物，他的名字是摩訶毗羅（Mahāvīra，又可譯為「大雄」）。*Vīra*意為「英雄」（與拉丁語*vir*同義，意思是virtue，賦予我們美德的人），而*māha*則表示「偉大」，即「偉大的英雄」。他與佛陀是同時代的人，大約生活在西元前五〇〇年，書中也記載過他與佛陀的論辯。但在他之前，還有其他二十三位耆那教的救世導師，也就是**渡者**（*tirthankaras*）。在他之前的是巴濕伐那陀（Pāśvanāta），大概生活在西元前九世紀，在他之前還有其他的導師。耆那教的年代觀念，如同所有印度的年代觀念，都非常難以確定，有時甚至會追溯到太陽誕生之前。無論如何，它無疑是一個很古老的瑜伽傳統。

摩訶毗羅是耆那教最後一位「渡者」。從他的年代開始直到接下來的幾個世紀內，耆那教傳統和《奧義書》的影響力在印度似乎變得非常重要。

他們認為瑜伽的目標——這裡有個很重要的點——是死亡，真正的死亡，但在你完全止息**對生命的所有慾望**之前，不會經歷這種死亡。你若因怨恨或沮喪而自殺，你會再度回到這個世界。你必須在自己內心止息一切。所以，人要遵循一系列不停升級的誓言計畫，逐步限制你的行為，直到最終你限制每天的步數、每餐吃幾口飯，直到最終你如一盞燈那般熄滅。這實在令人驚嘆。耆那教是最早強調 *ahiṃsā* 的宗教，亦即「非暴力」的宗教，他們的主張是不可傷害任何生命，因為整個世界乃是一個生命體。

耆那教的瑜伽士是真的努力追求死亡。根據他們的傳統，身體是由精神與物質混合而成，所有的生存慾望與恐懼等，都是這種混合體中物質層面的表現。然而瑜伽士所追求的永恆平靜，卻完全是精神性的。透過關閉感官，完全靜坐不動，產生精神的熱力，人就可以從自身內部將物質燃燒掉。但只要有任何行動出現，就會吸引更多物質汙染。因此，耆那教傾向在反覆的輪迴中逐漸減少行為活動，這種傾向至今未變。信徒首先要發誓永不殺生也不傷害任何生命，在這裡，非暴力的觀念變得極其突出且重要。非暴力傾向並不是雅利安人的傳統，它必定源於更早期的達羅毗荼文明。雅利安人相當暴力，這從荷馬史詩中就可以看出來。

這是印度文化的悖論，剎帝利種姓的戰士崇尚暴力，但其他教派卻崇尚非暴力。

與此傳統有關的另一個概念是轉世。轉世的概念屬於更早的傳統，也就是我一直在談論的，靈魂的偉大循環和進化。與此有關的是「輪迴」的思想，它是永不停歇的時代往復之輪。這是一個充滿悲苦的迴圈，佛陀喜悅地哀嘆道：「所有的生命都在受苦」，這句話的根源就在這個傳統中。而唯一出路是透過極端的瑜伽修行來抽離自己，從輪迴中脫身。

隨著個體在一次次轉世中修行的進展，要遵守的誓言在數量和嚴苛程度上也跟著增加。

如果你為了離開這個世界而自殺，這是沒有用的，因為你還會回來：未燃盡的業力會讓你回到這個世界。耆那教的策略是逐步消除慾望和恐懼，透過慢慢增加戒律來達到這個目的：這些戒律在最後階段包括禁止走動，因為人在移動的時候有可能會踩死昆蟲。

直到今天，你仍然可以在孟買街頭看見耆那教的僧侶和尼姑用紗布蒙著口鼻，看起來像是準備動手術的醫生。原因是避免吸入昆蟲而害死牠們，或是避免大口呼吸，因為空氣本身也有生命。如果你掉進水裡也不應該游泳，因為這樣會傷害水中的分子。你應該讓自己逐漸漂到岸邊，上岸後你不該擦乾自己，而是讓陽光將你曬乾。這種激烈的態度在耆那教傳統中十分顯著。你還會看到僧侶用掃帚輕輕掃去他們行進路徑上的昆蟲，避免走路時將之踩死。耆那教徒不會在黑暗中飲水，以免水中有昆蟲。他們不會吃剛切開的蘋果，要等它「死去」、失去活力之後才吃。

諷刺的是，因為耆那教徒不能從事任何涉及暴力的工作或行業，於是他們成為銀行家和企業家，從而成為印度最富有的一群人。你會在孟買看到這種奇特的情況：一個極古老、拋棄世俗的宗教，卻有一群極傑出、肯定世俗的信徒。信徒們當然是支持僧侶的，於是就形成了一種意欲逐漸遠離世俗的精神運動。

這種精神與物質的二元論與後來印度教和佛教的非二元論形成了根本對立。很顯然，《奧義書》時期曾發生某種危機。對世界持肯定態度的雅利安婆羅門，顯然是他們將世界和精神作為同一事物的兩面加以聯繫起來。因此，瑜伽的否定主義在婆羅門傳統中被消解了，他們認為一切皆是梵，萬物俱為精神。世界是那偉大精神的漣漪或變化，它既不與精神完全互異，也不與精神彼此對立。世界本身就是梵。

否定世俗與肯定世俗這兩種觀點在今日的印度依舊強烈。儘管它們的哲學非常相近，有時候卻很難看出兩者的差異，但差異確實存在。

在我討論下一個宗教之前，還想補充一件事。在耆那教的輪迴過程中，靈魂居住在天界和地獄，也就是宇宙身的上層和下層。[91] 神是居住在天界的靈魂，而魔鬼是住在地獄中的靈魂。這意味著沒有任何超越人的神靈。當人進化到更高的階段時，他就是一位神。因此耆那教終究可以說是無神論的宗教。沒有至高的存在，也沒有世界的創造者，世界一直處於循環之中。世界本身，也就是宇宙本身，被視為一個偉大的存在，如果你願意，可以稱它為神。但它不是一個具有人格、會介入世界的神。

因此，我們見到的是一種無神論的宗教，其終極原則就寓居於人類自身。這就是至高的事物。這個觀念滲透到了整個印度以及所有的東方思想中。荷馬時期的希臘人會供奉神祇，因為神被視為超凡的存在。印度的雅利安人最初也會向神靈獻祭。但在後期，雅利安的神靈被重新解讀，其宗教思想就像耆那教那樣發生了相同的變化。我在開頭提過的那篇故事，〈因陀羅的謙卑〉就是如此。除了宇宙本身和身處更高靈性階段的人類之外，別無他神的存在。而瑜伽士的目標，就是要穿越諸神所在的領域。

耆那教有兩派僧侶。戒律嚴格的僧侶被稱為「身披虛空者」，即「天衣派」（*digambāra*）；亦即完全赤裸的僧侶。他們脫去衣物，拔掉毛髮，拒絕一切與社會有關的象徵。你可以看到這些偉大的裸體僧侶形象，他們以一種被稱為*kayotsarga*的姿勢靜靜站立著，也就是「捨棄身體」，放下一切。

另一派僧侶則寬鬆得多，他們被稱為「白衣派」（*śvetambāra*），也就是「穿白衣的人」。他們身穿白色的衣服。你可以在城市中看到這些僧侶穿著白衣，掩住口部。在孟買，人們可以看到這個教派的成員在進行某種儀式，這種儀式可能看起來有些奇怪，甚至有些好笑，但它觸及了耆那教哲學的核心。有一天，我看到兩個白衣派的小伙子在孟買的街道上抬著一張爬滿虱子的床。他們邊走邊喊著：「誰想餵虱子？誰想餵虱子？」接著，某個女士從窗邊扔下了一枚硬幣，她想餵虱子。於是，其中一個小伙子就躺在床上，讓虱子得以享用晚餐。這樣一來，僧侶和那位女士都會因為幫助了這種低等生命而獲得業力功德，虱子也得以享受這點小小的樂趣。在經歷了數百次的轉世之後，虱子或許也會成為一位白衣派的僧侶，對人問道：「誰想餵虱子？」

者那教的想法是，這世上有靈魂與物質兩種原則，這兩種原則緊密相連，但又彼此不同。而你要做的是把自己從粗重物質中完全分離出來，清空你的業力，成為一顆完美無瑕的氣泡，遠離塵世，上升到宇宙的頂端，在那裡超越輪迴，永恆地存在。

與此相對的是佛教的教義，佛教更偏向心理層面，而非生理層面。佛陀告訴我們，需要消亡的是對生命的熱情，也就是對摩耶／幻象的執著。無明帶來慾望，慾望導致行為，行為則產生更深的無明。然後無明又會帶來慾望，慾望繼續導致行為。那麼，要如何擺脫這個循環呢？你可以從克服慾望、行為或無明的方式入手。佛教的主要方法是破除無明，但你也可以選擇不去行動、控制你的行為，或者調節自己的慾望。

佛陀一開始也主張避世而行。他的教義最初被解釋為一種出世的教義，就像遠離世俗的耆那教徒一樣，佛教的第一批僧團確實棄絕了塵世。但我們在佛教中發現了一種很強烈的趨勢，那就是以無欲無懼的狀態在塵世裡生活，僅是以如其所是的自然態度來行動。佛教的基本概念是，一旦你放棄了對這個世界的慾望和恐懼，就會經歷一種心理上的轉變：你會放下自我，如同世界那樣單純地行動，這種狀態稱為自發性。你變得像一棵樹、一株植物，你會活出自己內在的樣子。

這種思想在基督的話語中也聽得到：「你們看看野地的百合花是如何生長的，它們既不勞苦，也不紡織。但我告訴你們，就連所羅門王最顯赫時的穿戴也不如一朵百合花！」[92]這些花不會焦慮，只是做它們自己，活在它們生命的光輝中。這個思想席捲了整個東方，並與中國和日本已有的觀念相結合。在中國，我們可以在道家的「無為」概念中找到這種思想，這是指「不刻意努力」（non-effort），即不帶渴求的行動，讓你的生命自然地流動。這個思想是佛教的基本觀念，它打破了舊有的瑜伽意欲殺死自己的觀念束縛。當你像這樣超脫自我時，就像燒焦的繩子。八世紀時，印度教的偉大導師商羯羅（Śaṅkara）[93]曾說，當人清除了自我，他就像一條燒成灰的繩子那樣躺在地上；那看起來雖然是一條繩子，但只要吹一口氣就會飄散，它已不復存在。

對於一個已經消除我執，並回歸自身內在的人來說，他就處於這個狀態。他彷彿處於中心，任憑生命穿流過自己。我會說，無論是佛教、道家還是印度教，這對於生活在世間的個體而言，都是一個最基本的理想。

印度教：「法」的追尋與擺脫 [94]

✦非人格化的神

關於印度教，我們首先要有的認識是，它是一個民族宗教。也就是說，你的印度教身分是天生的。我們可以做一個合適的比喻，那就是，印度教與佛教的關係，猶如猶太教與基督教的關係，這裡的關係指的不是歷史發展的，而是成員資格的性質。在一開始，基督教是一場猶太教的改革運動，而佛教和印度教則都是在《奧義書》時期由雅利安人的吠陀傳統中發展出來的。印度教最初是對古老吠陀傳統的恢復，同時融合了達羅毗荼的瑜伽元素。

如同猶太人是天生的一樣，印度教徒也是天生的。不僅如此，印度人的出生還決定了他們所處的社會階層：婆羅門、刹帝利、吠舍，或者首陀羅。佛教和基督教都是人們後天皈依、宣誓入教的。印度教和猶太教是我所稱的民族宗教，具有非常古老的血統。這兩種宗教的實踐都可追溯到將近三千年前，而現今的信徒大多數都是其創始者的後裔。

另一方面，佛教、基督教和伊斯蘭教則是信條式的信仰。易言之，重要的是你的信仰，而不是你的血統。它們是世界宗教，因為任何族群的人都可以信仰它們。但不是任何人都可以成為猶太教徒或印度教徒，你必須生來就是如此。雖然一個人可以改宗，但這並不是猶太教或印度教會鼓勵的事情。然而，任何人都可以成為基督徒、佛教徒或穆斯林。因此，這三種宗教被傳播到文化形態極其多樣的地區。例如，佛教傳入了西藏、中國、韓國和日本，也散布於錫蘭（譯註：今斯里蘭卡）、緬甸、泰國和越南，它也曾在蘇門答臘和爪哇流行過。你們知道的，基督教傳播到了世界各地。伊斯蘭教也從歐洲的門戶一直傳播到印尼。這三種宗教在新世界（譯註：美洲）中也都找得到信徒。信條式的信仰通常是由單一的先知或導師所創立，他從其自身所屬的民族宗教中汲取靈性的精華。於是，這位教導者的生平便成為了教義的象徵。

印度教這樣的民族宗教非常強調儀式法。「**虔信**」（*bhakti*）與我們從希臘人那裡繼承而來的「倫理道德」概念之間，兩者沒有明顯的區別。例如，《舊約》中記載了一個人在週六的安息日拾取木柴的故事。摩西問道：「神啊，該怎麼處置這個人呢？」

上帝答道：「該用石頭將這個人砸死。因為他觸犯了儀式法。」

同樣地，印度教的多數律法和教義都屬此類儀式法。一般而言，它們與人類的倫理概念無關。我們一直將「*dharma*」翻譯為「美德」，但事實上，印度教的律法並不鼓勵「美德」這種抽象的心理學或倫理理想。這些律法是為了讓某一群體保持團結，並將該群體與其他人區分開來而特別制定的。

在猶太教中，猶太族群被區隔出來，因為他們是祭司種族，即聖潔的種族。除了將日常生活儀式化之外，這也是潔食法則的真正功能：你不能在別人的家裡吃飯，族人必須聚在一起。印度教也有類似的情況，種姓之間彼此分開，並且與非印度教徒劃分界線。這兩種宗教幾乎來自相同的時期。

在印度教中，每個種姓都有特定的規範，個人不僅從屬於特定的宗教群體，也從屬於一整套的社會結構。他們有祭司種姓、統治種姓、商人種姓以及僕役種姓。即使在今天，印度人之間的分隔依然明顯，以至於每個人對其他人來說都難以接觸。我一生中從沒那麼驚訝過。記得年輕時認識一位出色的婆羅門青年，他曾在這裡講道和教學，雖然我不會告訴你他是誰，但你可能知道他的名字。[95]他是婆羅門家庭的孩子，他告訴我，因為他遠渡重洋，所以等他回國時，他不能和父親一起吃飯。因為他離開了印度，與三教九流的人用過餐。如果他是猶太人，他的父親會用「外邦人」(*goyim*)這個詞來稱呼他。這些人並不屬於神聖的社群。這位年輕人曾與不潔之人共餐，因此他不能與他的父親同桌吃飯。

這是一個需要牢記的重點，許多後來的信條式信仰都是從那些偉大而古老的傳統宗教發展出來的。當前的情況是，傳統印度文化與世俗的國際社會之間的關極為複雜，我們對於印度人的心理狀態所面臨的問題，只能感到憂慮。

在傳統印度教中，每個種姓都有屬於自己的法律、道德和社會地位，個人被賦予了這麼多的法律要遵守，以至於他的一生都花在他「應該」履行的義務上，沒有時間去思考「我想做什麼？」。這些法律的功能是將個體完全束縛於群體之中，使他不再是我們所稱的「個體」。梵文裡頭並沒有指稱個體的用字。傳統的印度藝術並不會呈現個體的形象，相反地，他們呈現的是典型的婆羅門、王子與商人。只有諸神的化身才會用一種可辨認的方式來表現，例如毗濕奴的藍皮膚化身（克里希那等）。你在街上遇到的每個人，他的一切都會顯示出他的種姓：他的穿著、名字，甚至他的身體特徵。由於人們在數千年來都只跟同種姓的人通婚，這些群體基本上已經成為了各自獨立的種族。如果你在印度旅行，有幸能夠離開觀光區，遇見和觀察到不同社會階層的人，你在幾天內就能學會如何區分街上的人。你會一眼看出，這是一名婆羅門，那是一名商人，而這個是首陀羅。在西方，這種區別通常只表現在舉止和財產上。但記住，有富裕而驕傲的首陀羅，也有謙遜而貧困的婆羅門，一個人的所有特徵都會顯示出他所屬的種姓。

做這一切的目的就是要讓每個人忘記自己是個體，使他無法感知到自由意志、自主判斷與其存在的獨特性。印度的最高種姓叫做婆羅門，梵語寫成

brāhmaṇa。這個長音符號（*ā*）意味著「與……相關」。因此，*brāhmaṇa* 就是「與梵（*Brahman*）有關」的意思。梵就是我們一直在探討的那個神聖力量，它是宇宙的本源和存在。

婆羅門是知道如何將梵的能量引導到整個社會管道中，使這股能量能夠激發、促進並推動社會群體目標的人。他們藉由儀式來做到這一點，這些儀式主要包括兩個方面：一個是儀式中的動作，另一個則是與該行為有關的讚歌、聲音或字詞。這些讚歌、字詞和具有神奇力量的音節都源自被稱為《吠陀經》的文獻體系。「吠陀」這個詞來自梵語的字根 *vid*，意思是「知道」；吠陀的意思是「知識」。這些《吠陀》代表了宇宙神聖秩序的知識，正如這些讚歌及其音樂的曲調在書中所揭示的一樣。就像希伯來經典一樣，這些書被認為是神聖法則的直接啟示，梵語稱為 *śruti*，意思是「所聽到的」。根據教義，這些讚歌並非人類所創，它們最初是由古代聖人，或者說是古代的「聆聽者」所聽到的。這些被啟示的律法與《摩西五經》的不同之處在於，它們並非由某個神聖存在所啟示，而是宇宙秩序本身的顯現與啟示。

正如前文所提，東方的神聖存在是宇宙力量的擬人化，但宇宙從始至終都存在，既沒有開始，也沒有結束。它不是被創造出來的；相反，它始終存在，也一直在運作。此過程中完全無個人意志、機械般的運作法則，透過《吠陀經》展現出來。《吠陀經》揭示的真理不僅包括為喚起力量而唱誦的詞句，還包括各種動作。這些儀式行為，每一個動作與語調，都是從吠陀雅利安人的時代所傳承下來的寶貴遺產。這些內容被一代代精確地傳承下來，因此這份遺產至今未經修改。老師的職責不是批評、判斷或解釋，而是原封不動地傳達他從自己的老師那裡學到的東西，代代相傳，直到現在。因此，老師應該成為一塊完全透明的玻璃，彷彿並不存在。這種「無我之境」是印度靈性追求的終極目標；婆羅門之所以是最高的種姓，是因為他們在儀式中的職責是捨棄自我。

在西元前八〇〇年左右，印度的宗教發展中出現了一個非常有趣的時刻，那時的神學討論裡開始探討《吠陀經》的含義。我們之前曾提過，這正是《奧義書》誕生的時刻。引發這一轉變的領悟是：如果我們可以藉由儀式控制諸神，那麼我們的儀式就比神明更強大。既然婆羅門知道如何操控這些儀式，那麼婆羅門就比神明還偉大，婆羅門是宇宙中最強大的存在。這一觀念至今仍然存在於印度，也就是說，傳統印度的文化體系仍依循這個假設運作。如果你不相信傳統印度仍發揮作用，可以想想那些因反對屠宰牛隻運動而引發的暴動。它根深蒂固的基礎就是這類傳統主義、保守主義和古老觀念的結合，它的影響不可估量。

第二個種姓稱為剎帝利（*kṣatriya*）。這個詞來自梵語字根 *kṣat*，意思是「保護、防禦」，就像警察部門一樣。剎帝利是統治階層，包括國王和王子。這個詞經常被翻譯為「戰士種姓」，但我們不會稱伊莉莎白女王為戰士種姓成員；他們是貴族，是上層階級。他們的職能是根據婆羅門所揭示的法律來治理人民。這裡有一個很重要的觀念，亦即這些法律被視為神聖的啟示。這邊可以再次與《聖經》或希伯來傳統比較，《利未記》（Leviticus）和《申命記》（Deuteronomy）等書中的律法不被認為是由人類所創造，而是神的啟示。同樣地，印度的剎帝利或貴族所據以統治的法律也被視為天啟，人類在這方面沒有選擇權。人無法在立法機關的會議中提出修正案或修改他不喜歡的法律。這些法律如同物理定律般不可更改。

這個觀點來自希臘，我們從希臘人那裡得到的概念是，人的智慧足以為自己的生活決定一個審慎、高貴以及適當的目標，並制定出實現這些目標的法律。這與傳統觀點不同，無論是《聖經》或印度教傳統皆是如此。這些傳統觀點認為，法律源於宇宙（《聖經》傳統則認為法律源於宇宙的創造者），並加諸於人類之上。人的職責是讓自己去適應這些法律，依循它們，而不是加以批判。人不該問：「這不是瘋了嗎？為什麼人要這麼做？」照做就是了！處死那個在安息日撿柴的人！

這正是印度傳統法律的運作方式，剎帝利的職責是執行由婆羅門透過學習啟示所知曉的法律，並確保這些法律被遵守。啟示、知曉啟示的婆羅門、執行法律並確保大家遵守法律的剎帝利，它們三者都是純粹的「法」和責任的表現。這裡沒有判斷的自由，也沒有選擇的意志。法律並不是作為一種約定或社會契約的概念而存在。

當我開車遇到紅燈時，我會停下來；等綠燈亮起後，我會繼續往前。如果我要闖紅燈，我會留意附近有沒有警察（和其他車輛），而不是全能的上帝。我觸犯的並不是神的律法或宇宙的法則，而是當地的習俗規定。這就是我們對法律的理解，你違反的是人性或本地規範，並不是宇宙。這種心態與《吠陀》或《摩西五經》中所規定的完全不同，當我們思考傳統心理時，必須牢記這一點。

第三個種姓是吠舍（*vaiśya*）。這個名詞來自字根 *viś*，意思是「定居」。這是第三階層，也是金錢與財產擁有者的種姓，是我們所稱的社會主要群體。這些人是商人、地主、銀行家等等。他們的職責是以體面和富足的方式養家餬口，賺取財富。而婆羅門則為他所認為的真理而生活，即《吠陀經》的真理。剎帝利為正義以及無私地行使權力而活。商人則追求繁榮和生活的富足，他們繳納各種稅款和什一稅，供養王公貴族和祭司。

這三個種姓被稱為「再生者」（twice-born）或「雅利安」種姓。「雅利安」是梵語，意思是「高貴的」。印度教的傳統正是為這些種姓而設計。

與前三個種姓完全分離、截然不同的是被稱為「首陀羅」的群體。該詞的字根意思是「受苦」。這些人是匠人、農人、工人，也就是我們所稱的賤民。他們並未被納入雅利安傳統中。他們被視為完全不同的存在，可分為兩類：一類在供養水給婆羅門時，婆羅門可以接受；另一類人供養的水婆羅門不能接受。為什麼婆羅門不能接受這些低階首陀羅供養的水呢？因為這會使他受汙染。首陀羅不僅處於社會的底層，在靈性上也被認為很低賤。就好像他們身上有病一樣，一旦接觸了不潔的人，即那些不被允許供養水的首陀羅，就會讓自己的靈性受到汙染。從我們的角度來看，對這些人無情的迴避及他們悲慘的生活，是源於這樣的信念：他們像痲瘋病人一樣有傳染性，是靈性上的瘟疫帶原者。

前文曾談過印度的《摩奴法典》。摩奴（*Manu*）這個詞就是英文的「**人**」（*man*），它跟「**心智**」（*mentality*）也有關連。摩奴是印度原人的象徵。《摩奴法典》中有一段話令我驚訝不已，它說，如果首陀羅偶然聽到《吠陀經》的誦讀，哪怕是不小心的，也要將沸騰的鉛水灌入他的耳朵當作懲罰。

吠陀是權力，也是力量；它們就像原子能的祕密一樣。婆羅門用它來操控宇宙的能量，因此這種力量不能洩漏給那些下層的種姓。

在英國統治印度之前，一個不潔的首陀羅即使因為口渴垂死，走進了再生者居住的村落，他也無法觸碰那裡的水。沒有人可以給他水，因為你要怎麼把水遞給他喝呢？

假設他不是垂死，只是剛好路過這個村莊，那他也必須隨身攜帶一個痰盂，以免他的口水滴在地上，汙染土地。這是個很殘酷的習俗。

「法」與存在

對我們來說，這樣的制度至少看起來是不公平的；但對印度人而言並非如此。為什麼呢？要記住，所有東方社會思想的核心概念是「輪迴」。輪迴的中心思想是藉由無數次的轉世，我們彷彿進了一所特別的學校，它是宇宙的學校、世界的學校，也是重生的學校。我將首陀羅、吠舍、剎帝利和婆羅門這四個種姓設想為學校體系中的大學一年級、二年級、三年級和四年級學生。而在這之下，還有那些根本沒有機會在印度出生的可憐人，比如我們，我們還是高中生。再往下則是動物，儘管出生在印度的動物比我們還幸運。再往下則是植物界和基本的物質世界。你周圍的事物，包括這一頁的紙、你可能正在喝的水，以及你鞋底下的小石子，它們都是向上進化中的靈魂。想像一下汽水瓶：當你打開瓶蓋時，氣泡會冒上來，但它們從哪裡來的，又要去往哪裡，誰知道呢？或許是從虛空而來。但它們就是這樣冒出來。同樣地，靈魂也像氣泡一樣冒升，從礦物形態經過植物階段，再逐步向上進化……如此循環不息。整個世界就像一所教育機構，每個生物都在努力學習某項功課。

我們要學習的功課是什麼？那項功課就是無我，取消「我」的噪音。正如梵文的 *ahaṃkāra*，意思是「製造『我』的噪音」。正如前文所提，東方文化和我們不同，它們並未區分「我」（即我們所稱的**自我**〔*ego*〕）和「我想要」（即我們所稱的**本我**〔*id*〕）。所以，東方人的「我」即是「我與我的」（I and mine）。這是我的身體，這是我的想法，這是我的言語：生命這所學校的功課就是要擺脫我執，達到無我的境界。你現在應該明白了，那些苦難是給首陀羅的功課。他正在學習逐漸放下自我意識，正在學習如何在他所理解的範圍內，依循宇宙的法則生活。

在我們念大學的時光中都會有一些假期，例如那些美好的暑假。學生如果在過去的一年中表現良好，就會去某個地方度假。同樣地，如果人能度過一個美好的人生，學會這輩子的課題，那麼，他也會去某個地方度假。去哪裡？去某個與其能力相符的天界。如果他嚮往的是感官享受，渴望為欲樂或性愉悅而活，那他就會前去那樣的天界，一座天上的後宮。如果他渴望探索高深的思想，他也會前去那類型的天界。如果他的潛力在於超越思想，他就會前去那樣的天界。

然而，若是他過去那一年表現得很糟糕，那他就會被送去一間暑期班。在那裡，會有嚴格、粗暴的教授們拿著棍子處罰他，那就是地獄。那些天界和地獄住的都是等待轉世的人，而這些人就是我們所稱的天神與惡魔。也就是說，神與人之間在本體上、本質上並沒有任何的區別。

眾神不過是等待轉世的男人和女人，他們在天界享受過去善良人生的果報。當福報享盡時，就會再回來人間一趟。真正的圓滿是在凡人的生命中達成的，而不是在天界。

正如大學的最終目標是畢業，此生的目標則是離開這所學校，徹底消除我執，完美學會這項功課，將自己永久抹去，永遠不再回來。這件事情對西方人來說實在難以理解。在我們的觀點裡，人格、個體性、那個可辨認的特質，以及你之所以為你的本質是會持續存在的；那就是最終目標，找出一個與他人不同的自己。在但丁、艾尼亞斯和奧德修斯進入冥界時，他們依舊能認出那裡的亡靈。即使個人已經擺脫了肉體的束縛，他的人格依舊存在。

如果你去了印度教、佛教或者耆那教的天界或地獄，你會看到那裡有許多人，但你一個人都認不出來，他們也認不出你，甚至包括你父母或配偶的靈魂。他們不會記得上一世的生活，也就是讓他們轉生到該處的前世生活。他們是神，以神的方式生活，也認為自己是神；就像我們是人類，以人類的方式生活，也認為自己是人類一樣。也不過在若干年前，在上一世與這一世之間，我們都曾是天界中的神，只不過我們忘記了而已。當你下次去往天界時，也會完全忘記這一世的生活。你不會曉得自己是怎麼來到這裡的。你只會想：「喔！我是個神。」這裡的發展完全是非個人，你不過是負責扮演某個角色，當中並沒有任何個人的存在。整個生命課程的重點，就是讓人類學生理解這個觀念。

如果你只會一味地遵守規則，你就沒有機會發展成為個體。我認為這是最重要的事。讓我們用心理學的角度思考這個問題。「我」(自我)的功能是什麼？這體現在兩個層面。第一是「我想要」，這是簡單的孩童式自我。從幼兒期開始，這點就和「你應該」彼此對抗。孩子想要這樣，但父母很清楚，「你應該」那樣。一旦內化了「你應該」，它就會成為佛洛伊德所稱的超我。傳統文化的目標就是把「我想要」直接轉變為「你應該」，將當地的「你應該」規範內化為自身行為的法則。

這不是我們西方人的理想。西方人的理想是讓那個正在成長的小個體發展自己的判斷力，使他成為一個自我負責、能夠判斷的個體。他應該透過自己成熟的判斷力來控制自己的「我想要」，並思考什麼行為對自己、朋友、國家與世界才是適當的。

用佛洛伊德的話來說，自我處於分裂的狀態，說出「我想要」的本我，它會被自我的節制功能所限制。也就是說，我們會希望個體發展出一個具有創造力、批判性，並能自我負責的人格。「比利，你想吃冰淇淋還是蛋糕，想要巧克力還是香草口味？自己決定！約翰，你想和蘇珊還是貝蒂結婚？自己決定！」在東方不是這樣，你會拿到巧克力冰淇淋，無論你喜不喜歡，而且你會娶貝蒂，哪怕你從沒見過她。當中完全沒有批判性人格的發展空間，其理想狀態是消除我執，只有傳統能不斷地延續，沒有任何改變。

我們把這種盡個人本分的過程稱為「**法**」（*dharma*，達摩）。這是印度教的關鍵詞，它源自梵文的字根 *dhṛ*，意思是「支撐」。當你盡你的本分時，就在支撐整個宇宙的運行。宇宙是有生命的。太陽盡它的本分，月亮盡它的本分，老鼠盡牠們的本分，貓也盡牠們的本分，婆羅門盡他們的本分，首陀羅也盡他們的本分，每個人都盡自己的本分，宇宙得以保持形態。藉由遵循你的「法」，你維繫了宇宙的形式。

「真理」的梵文是 *satya*——你可能還記得甘地的 *satyagrāha*。*grāha* 的意思是

「抓住」，所以整個詞的意思是「堅持真理」。*satya* 這個字源於梵文的字根 *sat*（薩特），意思是「存在」（to be）。一個盡自己本分的人是真實存在的。薩特，他存在。

sat 的陰性形式是 *satī*（薩蒂）。我們從其英文化的形式 suttee（殉節）可以認識這個字，它指的是妻子在丈夫火葬堆上自焚的行為。在丈夫火葬堆上自焚的妻子才**是**一位真正的妻子。印度人不說這樣的妻子「殉節」了，而是說她「成為薩蒂」了，她成為了某種存在。而不盡自己本分的人則是 *a-sat*，亦即虛無，不存在之物。你履行「法」所要求的職責來展現你的性格，而不是藉由你想做什麼或認為自己應該做什麼來展現。我想可以這麼說，印度人的一生就是一次殉節的行為。

我想分享兩個小故事來傳達這種感受。印度的軼事很生動、令人難忘，它們以極其有力的方式闡明了這個觀點。

第一個故事和「薩特」有關，與盡你的本分有關。這個故事來自西元前二世紀的一部佛教作品《彌蘭王問經》（Milindapañha）。印度人普遍認為，若一個人在一生中完美地盡了他的本分，就能夠藉由語言來施展魔法，他只要說：「如果我一生中正確無誤地做了某某事，那麼，就請讓某某事實現吧！」這時，他所祈禱的這件事就會發生。這被稱為「真言之行」（Act of Truth）。

這個故事發生在西元前三世紀，偉大的佛教君主阿育王統治時期。有一年，季風特別強勁，恆河水位上漲，威脅到首都華氏城（Pataliputra），也就是今天的巴特那市（Patna）。阿育王來到河岸視察，所有的民眾都在那裡對他喊著：「河水正在上漲，這下該怎麼辦？」

當河水瀕臨危險水位時，阿育王喊道：「這裡難道沒有人能展現真言之行，讓恆河的水倒流嗎？」

婆羅門與祭司們彼此商議著，但裡頭沒有一個人能展現真言之行的奇蹟。他們之所以是婆羅門，是由於在上一世過著完美的生活。但在這一生中，他們沒有一個人是完美的。

剎帝利同樣無能為力，連阿育王本人也無法展現真言之行，吠舍同樣無法做到。

最底層有一名年邁的妓女，她名叫賓杜瑪提（Bindumatī），她喃喃自語道：「我能展現真言之行。」

「噢！」她的鄰居喚著她的小名說：「賓迪，快去吧！拜託！」

於是，賓杜瑪提靜下心神，誠心地宣告了她的真言之行。當然你猜到了，河水真的開始往上游回流。

所有人當然都很激動。阿育王詢問是誰展現了真言之行，而答案很快就傳到了這位君主的耳中，沒想到展現者竟是他最低賤的人民賓杜瑪提。阿育王驚訝地呆立片刻，因為宗教教義的有趣之處就在於：人們都聽過它，但沒人覺得那是真的。接著，阿育王順著人群走下去，找到了賓杜瑪提，對她說了一連串侮辱性的話：「妳這卑鄙下賤的老妓女，竟敢說妳有真言之行？」

賓杜瑪提相當冷靜且謙遜地回答：「我能展現真言之行，只要我願意，可以用它顛覆眾神的世界。」

阿育王有些被嚇到，便問：「妳的真言之行是什麼？」

賓杜瑪提，這位首陀羅說：「這就是我說的真言之行：『我在盡本分時，從未討好富人、美男子或高種姓的人，也不輕視貧窮、卑賤或醜陋的人，而是始終根據報酬提供服務。所以，請讓河水倒流吧！』」因此，河流依她的命令倒流，因為她就是純粹的「法」。薩蒂，她存在。她已拋下了我執，她是黃金，她不評判，只是盡自己的本分。這就是印度運作的方式。

她在完成了個人的本分後，君王是否有說「賓杜瑪提，妳拯救了這座城市！來吧，我們要為妳立一座紀念碑。讓妳坐上王位，今天起，妳就是女王了」？並沒有，這件事在她那一世不會發生。或許下一世她會成為貝拿勒斯（Benares）[96]的女王，但這一世不會。她是一個首陀羅，那就是她的職責，老鼠不可能變成母獅。這是在討論種姓制度時需要記住的。無論個人身處何地，只要盡自己的本分，就參與了宇宙的榮耀與力量，成為這力量的媒介。沒有人**選擇**去做任何事，每個人都在做他應該做的事，唯有如此，宏大的宇宙才能運轉不息。

當你去印度時會看到那裡的悲慘景象，映入眼簾的事物會令你震驚，即便是貧困和骯髒這樣的用語也無法形容那裡落後的景象。然而，當你待了一段時間之後，震驚感會慢慢消化，你最終會領悟到平和與光輝。

路易斯・芒福德（Lewis Mumford）曾說：「生活的各種層面均能帶來價值。」[97]但如果你不斷批評生活，價值便無法浮現，只有在你順應生活時價值才會顯現。這就是傳統印度的觀點。在他們的觀點中，無論你屬於哪一個種姓，都要活在其中，並盡你的本分。你不能說：「喔天哪！我應該生在更高的種姓，我應該生在更低的種姓，有人騙我，這傢伙拿得比我還多。」你要安住於你的生活。不要根據別人擁有的事物來評判你的人生，而要看你是否真的履行你生命的職責。這就是印度的光榮，這是曾讓它偉大的原因，也是如今支撐它度過悲慘現實的力量。這就是有關薩特的理念：你之所以是某個人，是因為你履行個人職責而體現了你的社會性存在。印度人確實如此做了，而且做得很好。

還有一個故事，它說明了自我與「法」的關係。這是一個比較溫和的故事，與一個值得尊敬的職業有關，那就是老師。在印度，「老師」這個詞是 *guru*（古魯）。然而，它的含義與西方人所理解的老師大不相同。對現在的我們來說，「老師」指的是一個對你傳遞資訊、提供生活指導並幫助你度過危機的人。而古魯指的是一個榜樣，他的學生會認同這位老師，並立志成為老師的模樣。而這位老師也成為了像他的老師一樣的人，因此，老師本人不復存在。老師只是將典範，即「法」代代傳承下去。

這個故事說的是一名遲到的學生。老師問道：「你遲到了。你人到哪裡去啦？發生什麼事了嗎？」

學生回答：「我趕不過來。我住在河的對岸，因為河水氾濫，渡船無法行駛，渡口的水又很深，所以沒有趕上。」

「不過，」老師說：「你人現在已經到了。是渡船來了嗎？還是河水退了？」

學生搖搖頭說：「不，河水沒有變化。」

「那麼，你是怎麼來的？」

學生說：「我想到了我的老師。我想著，老師是我通往真理的載具，他是我的神，我的神諭。只要想著我的老師，就能走過水面。於是我心中不停念著『古魯、古魯、古魯』就這樣越過了水面，於是來到了這裡。」

老師心裡想著，哇，我竟然不知道自己能辦到這件事。當然，老師是辦不到的。

學生離開之後，老師認為這是自己身上的超能力。他說：「我得試試看。了解這是怎麼回事。」接著他四處張望，確保沒人看到他。當他確認身邊沒有人之後，他走到水邊，看著湍急的河水。心裡想著，我要做做看。於是他心裡默念「我、我、我」。他踏上河面……然後就像石頭一樣，沉入了水裡。

唯一能讓學生在水面上行走的原因，是因為那裡不存在任何人，那是一種純粹的精神，*spiritus*，也就是風。在梵語中，它稱為 *prāṇa*（普拉那）[98]。在學生心中，那位老師是真理的傳遞者。而在老師的心中，他是一個「我」，而「我」是有重量的，所以他沉了下去。

因此，要了解印度教和個人的關係，第一步就是理解種姓制度和「法」，亦即盡本分而活的概念。

✶人生的階段

現在我們來談另一個更重要的主題，*āśramas*（四行期），它的意思是「紀律」（disciplines）。它們是適用於不同人生階段的紀律。根據印度教的理論，人生會在中年期被分為兩半，這是一個奇妙的概念，雖然我個人並不建議這麼做。根據這個設想，人生在第一根白髮出現時被劃分為兩部分。在傳統觀點裡，人的前半生應該在村莊和社會裡度過，履行「法」所規範的社會義務。而人的後半生則應該在森林中度過，藉由修行瑜伽達到大徹大悟。

這就是印度將兩種截然相反的人生路徑給綜整起來的方式，其中一方是承擔社會責任，另一方則提倡脫離社會，目的是為了回歸內在本質和追求絕對的超越。對印度來說，社會生活和我所談論的這一切只是準備階段；你要逐漸減弱自我的力量。而在進入森林後，則必須完全抹除自我，或你至少要努力試看看。

人生的每一半又分為兩部分。每一半的第一部分用於學習，第二部分則用於實踐與體悟。因此，人生的第一個四分之一，大約前十五年，是作為學生的時期。這段時期被稱為「梵行期」(*brahmacarya*)，意思是「行於梵」。

人生的第二個四分之一是「家居期」(*gṛhastha*)，也就是家庭生活的時期。人會在此時期結婚，即使他從沒見過配偶。你的原生家庭和媒人會根據你的種姓提供一個適合你的對象。即使在今天的印度報紙上，你仍可以看到徵妻廣告。這一切都是由你的父母和媒人來安排的，小男孩或小女孩對此一無所知。危機會出現在儀式的最後，當新娘和新郎之間的面紗掀開時，雙方第一次看到對方，事情就這樣定了，對方就是我的薩特或薩蒂。從此這個年輕人就是你的「法」。這確實是一場危機，尤其對妻子來說，因為大家可能會認為她得在某一天主動跳入丈夫的火葬堆，不管那個人是誰。

這對夫妻開始建立家庭。他們得遵循自己的「法」，而這由他們的種姓和家庭責任所定義。作為一家之主，他們的首要責任是生兒育女，這是對祖先的義務，以榮耀和感謝來回報自己所獲得的生命，並將其傳承下去。

然後，如果這對夫婦很早就開始履行他們的責任，到了三十歲出頭時，父親就會有一個兒子準備好接手 *gṛhasthaya* 的義務，也就是成為家主。此時便是父親向家人告別的時刻。在來到人生的中年時，社會對男人的期待是進入森林修行。

這些家庭都是典型的父系大家庭。父親會將自己的「法」在一個隆重的儀式中傳承給長子，所有的儀式都很隆重，包括婚禮、洞房之夜的儀式等等。個體與宇宙的力量合一了，儘管這個過程，不帶個人情感，但儀式卻使其散發出宗教的光輝。父親將自己的「法」傳承給兒子之後，就在上師或婆羅門的指導下進入森林修行。

現在我們處於人生後半段的第一部分，也就是第三階段。這個階段是進入森林的時期，稱為「林修期」（*vānaprastha*）。人不應過早進入森林，必須先履行自己的「法」，也得在靈性上做好準備。事實上，一個首陀羅可能需要到下一世，甚至十世之後，才能讓靈魂完成適當的準備工作。同樣地，一個猶太人如果想探索宗教裡的神祕主義，也應當等到四十歲，結了婚，並鑽研經文和律法後，才能開始研究卡巴拉（Cabala）[99]。

於是，我們這位做好準備的男人會前往森林，向某位古魯學習瑜伽，至少古魯會評估他的能力，並給他一些符合其靈性發展的宗教修行方法。也許古魯只會給他一本《薄伽梵歌》，又或者古魯會說：「在地上挖個洞把自己埋進去，只露出鼻子，然後待上幾個月。」根據學生的準備程度與需求，訓練從最溫和的宗教修行到最嚴酷的苦行都有可能。

這種瑜伽的目標是什麼？當西方人對東方產生仰慕之情時，他們對瑜伽有很多美好而溫暖的想法，但它的嚴酷和無情可能會讓你飽受驚嚇。直到這一刻為止，你的人生都是履行自己的義務：摒除自我，摒除自我，摒除自我。但有些事情是你喜歡的，有些事情你不喜歡；有些回憶是你珍惜的，有些回憶卻帶給你痛苦。在終極的瑜伽修行中，你需要抹去所有經歷，不再區分痛苦與快樂，不去分辨刺鼻的惡臭和愉悅的香氣。正如他們所說，甚至不再區分黃金和爛泥。你甚至必須扼殺細胞對生命的執著；你必須粉碎自身的生命力，直到裡頭什麼都不剩。這就是這種瑜伽的目標，這就是那些令人難以置信的苦行背後的目的。在某些印度的修行體系中，這被視為一種極端的體術：你真的得殺死你內在的身體、殺死對生命的意志、殺死對死亡的恐懼，以及你內在的一切。

在佛教中，目標是在心理上斬斷生命的束縛：並不是要真正毀滅自己，而是要成為燒盡的灰燼，就像商羯羅說的，燒過的繩子。它看起來像繩子，但一吹就會消失。開悟者看起來像個人，但實際上沒有人在那裡，他徹底泯除了自我。當你在瑜伽修行中達到這樣的體悟時，就能稱為解脫，即*mokṣa*。佛教徒將此境界稱為「涅槃」，那是風不再吹拂的地方。

你應當還記得《創世記》第一節的經文，當上帝的風在水面上吹拂而過時，造成了生命之水的漣漪。沒有這股風，便沒有了創造，什麼都不存在。當個體的內在達成這一點時，他就真正成為了「無我之人」。此時，他不再需要修行瑜伽，因為他已經達到瑜伽的終極目標：他成為一條燒過的繩子。但他的身體仍在運作中，依然存在；他成為了所謂的「遁世者」（*sannyāsī*），一個雲遊四海的僧侶或聖人。印度有很多這樣的人，其中有不少是托缽僧，但裡頭也有許多真正的遁世者。就像耆那教的僧侶一樣，這些聖人也分為兩類：一種穿著如同裹屍布的衣袍，另一種則全身赤裸。在印度，一個人的服裝不僅表明你的種姓，也表明你在種姓內的社會地位，因此，赤裸就代表你已經超越了種姓，對塵世已不再有任何留戀。

用過晚餐後，你會怎麼處理垃圾？古代沒有冰箱，也沒有垃圾車，所以你看向門口，那裡有一兩個瑜伽士，如果他們裸體，就會伸出雙手；如果他們穿著裹屍布，手裡就端著碗。你會把剩飯拿給他們，因為這是他們唯一的要求。這些人已經履行了他們的義務，完成了他們的使命，現在他們四處漂泊，猶如風中落葉。

向他們提問吧！問些宗教方面的問題，他們有些人會保持沉默，但有些人會教你一些觀念。這裡的重點是：他們不是從理論上教導你，而是從個人經驗出發。他們已親身體驗過印度宗教生活的最終目標。神職人員是透過閱讀正確的經典來教導的，而印度的神職人員就是婆羅門。這兩件事完全不同。因為那些遁世者所教導的，是來自於經典誕生的那個源頭本身的智慧。這些雲遊的苦行僧更新了印度的古老傳統，為其注入了真正的生命。我曾經見過他們並與其交談，他們如今所體驗的真理正是《吠陀經》的起源。遁世者與真理起源的聯繫被視為是有效且不證自明的，這點沒有人能反駁。當我見過大象時，沒人能告訴我大象不存在；同樣地，當我經驗過解脫，沒有人能告訴我解脫不存在。這些人知曉真理，他們在印度構成了一股傳統且保守的強大力量。

佛教：塵世之花 100

佛陀的生平

佛教是第一個世界性宗教，與民族宗教不同，後者是人們出生後自然皈依的本土化宗教。人一生下來就是印度教徒或猶太教徒，但佛教、基督教或伊斯蘭教則是人們自行選擇或信奉的宗教。這三個宗教是世界性宗教，巧合的是，它們的創立日期大約相隔五百年。佛陀的年代是西元前五六三年至四八三年；耶穌的年代大約是西元前二或三年至西元三〇年左右；穆罕默德則逝世於西元六三二年。

傳統宗教或民族宗教是隨著長久歷史逐漸發展起來的，其教義體現在社會的歷史之中。然而，世界各大宗教皆源於某位導師的啟示，其教義的精髓則反映在那位導師的傳奇生平中，例如喬達摩（Gautama）、耶穌、穆罕默德。

佛陀的生平是理解佛教教義的線索，因此我將指出他生平中的一些重大轉捩點，並從中推演出佛教教義的基本綱領。就佛陀這樣的人物來說，他的傳說是否與歷史事實相符並不重要。這與事實無關，而是與教義及其象徵形式的表達有關。這一點無論是基督教、伊斯蘭教還是佛教都同樣適用，但佛教更能接受這樣的概念。

據傳說所言，當名為悉達多・喬達摩・釋迦牟尼（Siddhārtha Gautama Śākyamuni）的佛陀出生時，他具有一些不尋常的徵象，例如手腳上帶著金輪，頭頂上長著肉髻等等。他母親的名字剛好就叫摩耶（Māya）。年幼的悉達多從她的側腹誕生，一出生就能行走。他的父親是一位尼泊爾的小國王，他召來賢者和占星師，想根據這些徵兆來預測這個孩子的命運。他們說：「他註定要成為一位世界導師，或一位世界之王。」

身為國王的父親當然更喜歡國王這項職業，不希望兒子成為一位世界導師。因此他安排了一切，將他陶冶成一位世界之王。他阻止兒子看到或經歷任何不愉快的事物來達成這個目的，這樣他就不會感到煩惱，進而對生命有所懷疑。如果你想讓年輕人在面對現實生活的真相時受到嚴重打擊，這還真是最好的方法。國王把兒子交給了一群美麗的歌伎和少女，讓她們小心侍奉他，使他無須面對任何的不愉快。

然後，大概是在他十八歲的時候，那一天是他生命中的轉捩點，這位年輕的王子告訴隨從：「我想要離開宮殿看看。」於是，為了確保在視線內不會出現任何不愉快的景象，國王命人清理街道，撒上蓮花花瓣之類的裝飾。於是年輕的王子在隨從的陪同下出發了，人們站在屋頂上觀望，因為這是他們的王子第一次離開王宮進城一遊。

然而，眾神卻決定送他一次特別的經歷，讓他在行進的路上遇見一名病人。年輕的王子問：「這是什麼？」他的隨從回答：「這是一個病人。」病人的模樣讓王子感到非常厭惡，因此他要求立刻返回宮殿。

當然，這個故事還沒結束，王子再次外出。這一次，他看到了一位非常老的老人，於是王子問：「我也會變老嗎？每個人都會變老嗎？」隨從點頭表示肯定。王子再次感到厭惡。「那我們要怎樣享受人生呢？這樣的生活怎麼會有樂趣？我要回宮殿。」

當然，他不會就此罷手。王子又一次出門，這次他看到了一場葬禮，一具屍體，他了解到死亡的存在。

今天我們會把它稱為創傷，王子感受到了一次創傷性的經歷。我認為，在我們的文學中，能夠代表這種轉變性衝擊的例子是赫曼・梅爾維爾（Herman Melville）[101]。梅爾維爾住在美麗的紐約上州，在一個富裕的農村環境長大。當他父親去世時，他還是個少年，因此他前往紐約與叔叔一起生活。叔叔給這名年輕人找到了一份在船上的工作，這艘船帶他前往利物浦。突然間，痛苦、疾病、折磨與墮落的生活找上了他，你也知道梅爾維爾後來的人生發生了什麼事。

因此，未來的佛陀看著這具屍體。他被事物表面的美麗與生命底下存在的邪惡、恐怖及無情之間的巨大分裂所震撼。

他再一次離開王宮，這次見到了一位聖人。他問：「這是誰？」有人告訴他：「這是一位聖人。他是一個出家尋求世上困惑、痛苦和悲傷答案的人。」於是王子說：「我要成為一位聖人。」

接著發生了一個非常重要且有趣的插曲。因為王子很不快樂，所以他的舞女和歌伎們想盡辦法來娛樂他，但眾神卻讓她們以很不雅的姿勢睡著。突然間，他看見了她們年老、患病和死亡的樣子，這被稱為「墓地異象」(Graveyard Vision)。這就是梅爾維爾所經歷到的，生命的表象世界中隱藏著死亡、腐朽與墮落。

於是，王子安靜地起身，前往馬廄，對他的隨從說：「我要離開了。將馬兒準備好，我們走。」於是他們離開了王宮。地界諸神讓馬蹄踩在軟墊上，以免馬蹄在宮殿的鵝卵石上發出聲響，驚動宮殿中的人，這樣就沒人知道王子已經離開。這時，王子的小兒子名為「覆障」(Impediment，又譯為「羅睺羅」)才剛出生。然而，悉達多卻離開了他的妻兒，騎著馬離開城市。守城女神用魔法打開城門。他縱馬一躍，跳過河流，進入了森林。他拿起佩劍，削去了貴族的髮髻。此舉象徵著向世界、身分、社會地位、「法」與責任訣別。他從此與印度教徒所重視的「法」一刀兩斷。

馬兒孤伶伶地回到宮殿，牠的主人卻沒跟著回來。獨自歸來的牠無人騎乘，最後因悲傷而死。這個母題，也就是無人騎乘的馬匹，在我們的文化中相當熟悉，約翰．甘迺迪（John F. Kennedy）[102]的葬禮場景就是一例。這是一個印歐文化共有的主題。

無人騎乘的馬匹[103]如同失去精神引導的軀體。牠失去了主人，因為主人已經前往更高的領域。約翰．甘迺迪的葬禮再現了許多古老的象徵，無人騎乘的馬匹就是其中之一。

悉達多斬斷了生命為他定義的種種責任，開始從一個隱士的苦修林走向另一個苦修林。佛教徒對印度教的苦行其實相當不以為然；他看到許多隱士的苦修林以及那些瑜伽士的各種瘋狂舉動，每當他看到時，這位年輕人都會說：「這並非覺悟之道。」

他拜訪了一位又一位的老師，最後他在一片樹林裡，見到了五位聖人正在裡頭禁食。於是他也開始仿效他們——或許你曾見過那種骨瘦如柴的印度佛像吧！他說：「我已經餓到當我摸著肚子時，可以碰到自己背後的脊椎。在這種情況下，人是無法獲得覺悟的。」

這一刻對應著基督前往尋找施洗者約翰（John the Baptist）的場景。施洗者約翰是他那個時代末世啟示運動中最偉大的先知，他就像一位猶太教的瑜伽士。耶穌前去拜訪他，接受他的洗禮，然後超越了他，進入荒野中獨處。你們知道的，在那裡他受到撒旦的試探，並超越了那些誘惑，然後自行返回塵世傳道。

未來的佛陀也是如此，此刻的他還不是「覺悟者」（這就是佛陀這個詞的意思），他從世上的老師那裡吸收著他所能學到的一切，然後開始了個人的禪修。他離開了一同苦行的朋友，在一棵樹下靜坐，這時一名美麗的少女走向他。她是當地一名非常富有的牧人之女。她預知自己將會遇見未來的佛陀，並為他帶來滋養，恢復他的健康。因此，少女用一千頭牛的奶餵養一百頭牛，再將這一百頭牛的奶餵養十頭牛，接著，用這十頭牛的奶餵養一頭牛，最後，她將那頭牛的奶製成乳糜供養佛陀。

因此，所有牛奶的精華都濃縮在其中了。她用一個金碗將乳糜呈給他，他吃了之後身體恢復健康。當他打算歸還金碗時，少女說：「我從不收回已經給出的東西。」

於是悉達多將金碗拋入溪中說道：「若此碗能逆流而上，而非順流而下，那麼我必獲致證悟。」結果，金碗果然逆流而上。這意味著他將逆著生命的溪流前進，直到生命的源頭，甚至還要超越它。

現在，讓我們談一談佛陀所要回到的那個源頭。《廣林奧義書》是偉大的印度教經典之一，書中有一則關於「萬有之存在」(the Being of Beings)的故事。「他」是唯一的存在，宇宙的造物主。在某一刻，他說出了「*aham*」這個詞，也就是「我」。這便是世界的開端。他一說出「我」之後便感受到恐懼，因為他定義和描摹了自己。恐懼是成為某個存在、意識到自我的第一反應，因為人的心裡有「我」，所以人的心裡才有了恐懼。接著他開始推理並思考，既然世上只有我存在，我又有什麼好害怕的呢？當意識到這一點後，他便希望世上還有其他人的存在。慾望因此隨之而來。先是恐懼，然後是慾望，兩者都源於說出了「我」。那麼他後來做了什麼呢？他開始膨脹，分裂成兩半，化為男性和女性，並創造了世界。這就是柏拉圖的「球形人神話」，我們每個人都是球形人分裂出來的兩半之一，當找到真愛與配偶時，我們便重新組合成最初的完整。只有《奧義書》會將這個故事從宇宙的觀點講述。這便是此奧祕的神祕主義式表達。

印度教是一個心理性的宗教，它以心理學解釋了世界的誕生。當「萬有之存在」說出「我」，然後你瞧！這個世界便突然出現了。悉達多想要沿著同樣的「我」逆行，離開「我」與「你」的二元世界，進入「汝即是彼」的世界。

就和印度教一樣（並且不同於西方宗教），佛教基本上也是一個心理性的宗教。「佛教」這個詞源自梵語的字根 *bodh*，意思是「照亮」，而「佛陀」的意思簡單來說就是「覺悟者」，或者從字面意義來說，就是「覺醒的人」。這就是悉達多想做的事。他將逆流而上，離開二元世界，進入無分別的超越境界：涅槃。因此，他第一也是唯一的修行就是抹除關於「我」的意識。

我們該怎麼做到這一點？這就是悉達多面臨的問題。他決定去某個地方坐下來思考這件事。他，這個即將成佛的人，來到一棵樹下，那是菩提樹，意思是「覺悟之樹」，它位於所謂的「不動點」，亦即艾略特（T. S. Eliot）所說的「旋轉世界中的靜止點」[104]。這意味著什麼？這是心靈中的一個點，無論恐懼或慾望都無法移動它分毫。然而，它又被想像成彷彿世界中心的某個地理位置。

悉達多站在菩提樹的北側，發覺整個世界猶如一個巨大的車輪般傾斜，他說：「這不是不動點，這個地方不穩定。」接著他走向西邊，那裡也是一樣。然後他走向南邊，結果依舊如此。最後，他走向東邊，萬物終於各歸其位。

東方這個位置就是你在新的一天所見到的日出之處。這是你看到新光明的方向。同樣地，納瓦荷人（Navajo）的小木屋（hogan）總是面向東方。基督教慶祝週日也是基於相同的理念，週日是一週的開始。星期日，即太陽日，它代表新的法則、新的一天與新的光明。而猶太人慶祝週六，亦即土星日，[105]則是因為它代表舊的一天。這正是為什麼慶祝週六會轉為慶祝週日的原因。因為土星是沉重、負擔、障礙與律法的行星，而我們得突破這些限制。佛陀的超越也是如此，印度教的法律與「法」也需要被突破。這些概念完全相同。

就像耶穌在荒野中所遇到的一樣，坐在樹下的悉達多也遇見了誘惑。誘惑者是誰呢？他就是那位首度說出「我」的神。那位掌管萬物運轉的世間之主，先後以兩種形態出現在佛陀面前。這便是所謂的「迦摩—魔羅的誘惑」（Temptation of Kāma-Māra），我們後面會加以解釋。

誘惑者的第一個形式是慾望之主，稱為「迦摩」，也就是欲樂。他在佛陀面前展示了自己三個美麗的女兒，她們的名字分別是「渴望」、「滿足」與「悔恨」，象徵著未來、現在和過去。然而，佛陀並未動心，因為他已經不在**那裡**了。他早已脫離了自我，與純粹的意識合而為一。他的心中已不再有「我」，因此，也不再有與之對立的「他們」。此處沒有人，彼處也沒有人。

少女們很失望。雖然我們不知道她們當時做何反應，但她們的父親迦摩隨即變身為死亡之主，也就是魔羅。Kāma與Māra，即慾望與死亡、情慾與恐懼。正如我已故的朋友海因里希・齊默曾說過的那樣：「慾望是誘餌，死亡是魚鉤。」如果你無欲無求，死亡便無法威脅你。

於是，這位首次說出「我」的神以魔羅的形象出現在佛陀面前。他露出可怕的臉孔，長長的獠牙，戴著一條由七十二個骷髏頭串成的項鍊。他手臂眾多，每隻手都拿著不同的武器。魔羅率領著一批怪物大軍，向坐在樹下的佛陀發動攻擊。他們向佛陀投擲各種武器。可惜的是，那裡空無一人，[106]這些武器一碰觸到這個「無人之境」，便轉化為讚美的花束。

最終，攻擊者將自己轉化為「法」，即義務之主。這就是束縛我們的三件事：慾望（如佛洛伊德所言）、恐懼與攻擊（如阿德勒和尼采所言），以及義務（如我們的神職人員和社會科學家所言）。這些都是佛陀所要打破的枷鎖。此時，誘惑者以法之主的身分說：「你坐在這裡做什麼？身為王子，應該好好治理你的國家，為何不去履行你的職責？」而佛陀只是用手輕觸大地，你可能在佛像中見過這種姿勢，此時，塵世女神，也就是大地本身，這個包羅萬象的宇宙呼喊道：「他是我心愛的兒子，他曾在無數的輪迴中無私地奉獻自我，因此他配得上這個位置。」

然後，法之主所乘坐的大象向佛陀鞠躬，魔軍散去，隨著新一天的黎明到來，佛陀證得了覺悟。覺悟後的經驗使他震驚，那開啟了一個新世界，於是他留在原地靜坐了七天。隨後他起身，並在接下來的七天凝視著他坐過的地方。接著，他又來回踱步了七天，試著消化他所領悟的道理。然後他走到一棵樹下坐下，思索道：「真理無法被教導。」這就是佛教的第一個教義：無法被教導。任何經驗都無法被傳授。我們能教導的，只有通往經驗的道路。因此，佛教的精髓就是那隱含在我們內心的東西，而那必須透過個人的體驗才能達成；它不是包裹，無法輕易地在手上傳遞。在他證悟後不久，吠陀傳統中的主神因陀羅與梵天降臨了，他們率領眾神對他說道：「請將它教給大家！」

於是他說：「為了人類和眾神的利益，我願將它教給大家。」但他所教導的並不是佛教本身，而是通往佛教的道路，這條道路被稱為中道（the Middle Way）。它是一條處於對立之間的道路，無論你想到的是什麼。第一組對立當然是極端的苦行和否定世界，它與極端的肯定世界和享樂彼此對立。佛陀選擇了這兩者之間的道路，你應該還記得，在佛陀證得覺悟之前，他吃了食物。佛教由許多道路所構成，而在佛教中，每一條道路都被稱為「**乘**」（*yāna*），即渡船。這是通往彼岸的渡船，彼岸超越此岸，在此岸上，我們被各種對立所糾纏與束縛，如慾望與恐懼、生與死、喜歡與厭惡、行動與不行動，以及人與人之間的明爭暗鬥。這就是世界的模樣，你無法改變。你若無法接受它，就像年輕時的佛陀一樣，那你該如何超越它呢？

佛教主要教義的表述方式，與印度醫師診斷疾病的方式很類似，都是根據重要的典籍做判斷。首先他會問：「生了什麼病？是怎麼一回事？」這是第一個神聖的問題，而第一聖諦（the First Noble Truth）的答案是：「眾生皆苦。」這裡可以回憶一下悉達多年輕時所見到的痛苦：疾病、年老和死亡。醫生要問的第二個問題是：「這個病治得好嗎？如果不能治，那醫療就沒有意義。」對於這個問題，第二聖諦（the Second Noble Truth）的回答是：「可以，這個病確實是可治癒的。人可以從痛苦的輪迴中解脫。」第三個問題是：「何為健康？我們想要實現的目標是什麼？」佛教修行所追求的目標是解脫痛苦，亦即涅槃。正如我們所知，「涅槃」這個詞意味著「熄滅」。從字面上來說，這個詞可以翻譯為「無風之地」或「超越風的地方」。佛教是渡向彼岸的渡船，在那裡，表象世界二元對立的風不會吹起。我們離開充滿恐懼與慾望的此岸，乘上佛教的渡船（也就是佛教說的「乘」）來到彼岸，那裡不存在對立的兩極。當我們到達彼岸，回望此岸時，由於我們已經超越了對立，便會對所得到的終極領悟感到驚訝：兩者沒有區別，這個世界就是涅槃。這就是重點。正如諾斯底教派的《多馬福音》所說：「父的國度遍布大地，人們卻看不見。」[107]

佛陀的訊息簡單而深刻：我們應該帶著喜悅參與這世間的苦難。

在西方，這樣的矛盾是藉由十字架的意象來表現。詮釋十字架的方式有兩種。一種是比較普遍的方式，即在十字架上流血受苦的耶穌，此時的他象徵著悲傷的人類。

但還有另一種方式，稱為「得勝的基督」，在這種形象中，基督在十字架上睜著雙眼，頭部挺直，身著長袍。他自願接受這一切，沒有痛苦：他喜悅地參與了痛苦。這兩種十字架的表現方式截然不同。一種可以說表達了「主人精神」，另一種則表達了「奴隸精神」。佛教則完全體現了「主人精神」。

佛陀和基督的生平與神話形成了很有趣的對比。尤其讓我著迷的是，可以觀察他們的故事來了解西方和東方如何表達生命與重生的觀念。

在西方，包括黎凡特和歐洲，四季的變化相對極端，季節的流逝是神話和藝術的主要主題。因此，西方更強調時間、死亡和復活，而不是輪迴。在這樣的背景下，能死而復生的神是非常重要的神性。這類神話可以追溯到非常古老的時代。在美索不達米亞，有塔木茲的死後復生。在埃及，有歐西里斯反覆重生的故事，希臘則有阿多尼斯。[108]當然，我們在《福音書》中也找到了這個神話。這些神都與月亮的力量相聯繫。他們的重生總是與靠近春分的滿月有關。

然而，印度位處熱帶的叢林，正如歌德（Goethe）[109]在談到梵文戲劇傑作《沙恭達羅》（*Śakuntalā Recognized*）時所說：「那裡，花朵與果實同時存在。」季節變化並不那麼重要；時間似乎始終如一，沒有變化。這裡強調的是靜止。然而，歐洲的救主形象強調的是時間的流逝，以及死亡與重生的關鍵時刻。但在佛教中，強調的是那個靜止的點。當佛陀垂下雙手，離開人世時，就相當於基督的受難。這是離開塵世，前往「天父」的過程，不過他是以心理上的方式，而非肉體上的方式來完成。他離開了肉體的世界，放下它。然後又帶著新獲得的智慧返回塵世，這相當於復活節的基督復活。[110]復活節相當於佛陀的「**般涅槃**」（*paranirvāna*）[111]，而佛陀觸地的動作相當於基督的受難。但你還是可以看到兩者的區別。西方強調其痛苦的層面，但佛教沒有這麼做。

而那些自願返回塵世的菩薩，例如阿彌陀佛，基督與他們的關連就更密切了。菩薩帶著喜悅積極地參與了世間的痛苦。如果你想要一個生動的代表，用以說明喜悅地參與世間的痛苦，那麼，被釘在十字架上最終卻得勝的基督就是一個例子。我們在保羅的《腓立比書》中讀到那段精彩的經文：「你們當以基督耶穌的心為心：他本有神的形象，卻不堅持自己與神同等；反倒虛己，取了奴僕的形象，成為人的樣式；既有人的樣子，就謙卑自己，存心順服，以至於死。且死在十字架上。」[112]也就是說，基督出於對世界的愛而降臨人世，喜悅地參與了世界的痛苦。這意味著親身承受這些苦難。佛陀與基督的精神在這點上是相通的。但正統宗教之間的根本差異在於：基督具有獨特的神性，而我們沒有，人只能模仿基督來分受他。

而在佛教裡，眾生皆有佛性，唯一的問題是我們沒有意識到，我們無法按照自己的本質來行動。

正如我前文指出的，摩訶毗羅是佛陀的同時代人，但佛陀很反對耆那教的肉身苦行教義。他說，這種單純想以肉身擺脫塵世的觀念在思想上完全錯誤。

真正的問題在於心理層面。

佛陀在西元前五〇〇年左右提出了這個觀點。這是一個至關重要的時刻。佛陀說，重要的不是你是否吃肉，也不是你在行走時是否傷害了生命。重要的是你內心的態度。你行動時對結果是否懷有期待或恐懼，還是僅僅因為這是你的責任？佛教將它稱為業瑜伽（*karma yoga*），行動時不帶慾望或恐懼，僅僅關注過程本身。

渡船

世上有許多不同的「乘」，這些是佛教通往覺悟的不同道路。這些道路是哪裡來的呢？我們可以把它們想像成不同的渡船碼頭，人們可以從這些碼頭出發前往各處。例如，可以把這個世界想像成北美的東岸。那裡有很多港口，每一座港口都能到達彼岸。比如哈利法克斯港（Halifax）、波士頓港（Boston）、紐約港（New York）和巴爾的摩港（Baltimore）。每座港口都可視為不同的佛土，一種特定模式，或特定心理類型的性格態度，它們適用於不同的人。新英格蘭人不會覺得從馬里蘭州（Maryland）出發很舒服，也不會有紐約人選擇從加拿大的新斯科細亞省（Nova Scotia）啟程。

第一條道路被人稱為「上座部佛教」，它與我先前談到耆那教時的出家修行運動有關。它也被稱為小乘（Hinayāna），意思是「小渡船」，因為它是僧侶式的苦行主義之路。[113]小乘佛教是僧侶的佛教，是那些區分此岸與彼岸，並努力從此岸到達彼岸之人的佛教。他們必須遠離塵世，放棄家庭生活，就像基督徒進入女修道院，或成為特拉普會修士一樣。他們會更改名字，完全成為另一個人。

這條道路的追隨者會說：「是的，所有的生命都充滿痛苦，我們要離開它。我們要走入森林，過著獨處的僧侶生活。多幸福啊！我們要將世俗拋在腦後，再見了，那是愚人的世界。」這便是這條路被稱為「小乘」的原因，它是為少數願意去到彼岸的人而設的。它是最早期的佛教，如今還活躍於錫蘭和東南亞。

但是，當你去到彼岸並發現原來這個世界就是「彼岸」時，你要怎麼辨呢？接下來的佛教之路稱為「大乘」（Mahāyāna），意指「大渡船」。這是提供給所有人搭乘的船，它會載我們到達彼岸，然後又將我們送回這個世界。

在大乘的傳統中，有一位偉大的人物稱為觀世音菩薩（Avalokiteśvara），中國稱為觀音，日本則稱為 *Kannon*（觀音菩薩）。這是一位典型的菩薩，其本質（也就是「薩埵」，*sattva*）象徵著「覺悟」（亦即「菩提」，*bodhi*），但他並未離開人間。他（有時則以女性形象出現）常常被描繪為戴著象徵王權的寶冠，面向世間眾生。傳說裡，觀世音菩薩在行將覺悟之時，聽到了世人的哭喊：「你若離我們而去，我們就將無緣證悟涅槃。」於是他選擇留在人間，沒有離開。正因如此，人們稱他「觀世音」（the Listening One）。可以這麼說，我們每個人都是觀世音這位菩薩、覺者與導師的不同面向。在我們互動的過程中，都相互啟發著彼此，從而以菩薩的方式行事。

我們在整個遠東地區都能看見這位偉大菩薩的塑像，他以美好的觀音形象慈悲地俯視著眾生。這種慈悲的原則使我們與塵世相聯繫，讓人能抱著同情和憐憫心去面對他人的痛苦。我們感覺人間充滿愁苦，但人們看似深陷痛苦，其實他們處於喜悅之中。事實是，既然此岸即是涅槃，我們都被喜悅所激勵，而我們確實就是如此。這就是生命的實相。

《般若波羅蜜多心經》（*Prajñāpāramitā Sūtra*）是一部偉大的佛教經典，它的內容非常簡潔，篇幅大約一頁半，它的高潮在最後一句話，被視為大乘佛教思想的總結。那句話是「揭諦！揭諦！波羅揭諦！波羅僧揭諦！菩提薩婆訶！」意思是：「去吧！去吧！去到彼岸吧！安住彼岸吧！覺醒吧！」哈利路亞。

那就是全部的總結。「般若波羅蜜多」意指通往彼岸的智慧，超越對立的兩極。那些試圖逃離人生、追求涅槃的人，其實仍困在兩極的對立中。然而，當你真的到達彼岸時，你會領悟，它就在當下。

另一位重要的佛教人物是阿彌陀佛（Amitābha），我們在《西藏度亡經》裡談過他。阿彌陀（*Amitā*）的意思是「無量」，而 *bha* 的意思是「光輝」，所以阿彌陀佛是「無量光明的佛」。此信仰是佛教的分支，似乎出現在西元二、三世紀的印度北部，而後又傳入中國和日本。他在開悟之前發下誓願：「設我得佛，十方眾生，聞我名號，即證涅槃，若不爾者，不取正覺。」[114] 果然，當他開悟那一刻，眼前湧出一座大水池。這就是所謂的 *Sukhāvatī*，也就是極樂世界，它是一方喜樂的佛土，池中長滿蓮花。

誰若能在死前思及阿彌陀佛，死後就不會再輪迴到塵世，而是往生極樂世界，坐在池中的某朵蓮花中。如果他生前造惡，那即使常念阿彌陀佛，他的蓮花仍會閉合一段很長很長的時間。如果他過著靈性的生活，那麼他的蓮花就會幾近完美綻放。無論是什麼情況，蓮花最終都會綻放。但使它綻放的原因是什麼呢？這座美麗的池子裡有許多蓮花，而阿彌陀佛就坐在那裡。你在中國、日本，以及古印度的寺廟裡都會看到他的塑像。他太陽般的光輝穿透那些蓮花，帶來了光明。記住，*bodh* 的意思是「照亮」。阿彌陀佛的光明不斷地灑入，使池水呈現五彩，就如人類是由五蘊所構成的那樣。水面泛起歌聲，唱頌著偉大的佛教教義：「諸行無常，諸法無我。」這就是佛教的基本觀想。

燭光給出了影像。試問，此刻的光與前一秒的光是同樣的光嗎？赫拉克利特（Heraclitus）曾說，我們無法踏入同一條河流兩次。人的身體也是如此，它處於永恆的變化中，你體內的所有細胞都在更替。那麼，除了記憶之外，還有什麼事物是恆常的呢？

佛教的基本思想是無我，因此無人需要拯救。人的意象只是光影的反射，源於我們的心智活動。那只是個幻象。但你卻把幻象誤認為真實。它與非存在是同一件事，它不屬於存在的範疇。偉大的《心經》（Heart Sūtra）說：「色即是空，空即是色。」塵世即涅槃，涅槃即塵世，因此不必焦慮。什麼也沒發生。全心投入這場起伏變化的遊戲中吧！無論那是喜悅、悲傷或恐怖。但同時也要意識到隱藏在根本處的空性，那全然的空使你與萬物合一，因為萬物的本性也是空。

我們在這一派的佛教中看見了單純的「虔信」，思考不是必要的。別忘了，佛陀曾經歷過艱難的苦行與層層的考驗。但這一派是比較容易修行的佛教，也比較大眾化，它相當於印度人對神明崇拜的民間信仰。但祭拜佛陀的信眾自己清楚，其實佛並不存在，因為佛陀只是人內在佛性的映現。在觀想和親近佛陀的過程中，人會逐漸放下對小我世界的執著。

就像基督教傳統中所說的，你正「安息於上帝的懷裡」。你因此感到放鬆下來，將自己交託給神性，那不可言說的奧祕，並相信它會支持你，即使你不曉得原因也不知曉它支持你的方式；即使你的內心並未覺悟，只是採取了覺悟者的姿態，彷你是以無我的方式行動。這就是偉大的阿彌陀佛。

這個宗派在十二世紀由法然（Hōnen）[115]大師傳入日本，並成為現今日本大多數人所信奉的佛教基礎，亦即淨土宗（*Jōdo*）和淨土真宗（*Shinshū*）。

那麼，信徒該如何供奉阿彌陀佛呢？如何使你的渡船航向彼岸呢？你只需要履行你人生的職責就可以了。冥想不是一定必要，也無須特地前往廟宇參拜。你的人生就是一座廟宇，照顧家庭便是你實現自我的途徑。這是一件美好又令人放心的事情。可以這麼說，整個世界都成為修行的聖殿。而這類修行並不會讓人焦慮，你只需要適當且平和地履行你人生的職責就行了。

不過，有一些比較用功的人反對這種做法。你懂的，有些人就是覺得事情不可以太輕鬆，而這個高度自律的宗派就是禪宗。*Zen* 是日文對中文「禪」的發音。而中文的「禪」則是梵文「*dhyāna*」（禪那）的錯誤音譯，它的意思是「冥想」。它通常被認為是一種有紀律的修行。我前面曾談到昆達里尼瑜伽，這是一種心理與靈性的修練，它會使能量之蛇沿著脊柱往上攀升。而在禪宗裡，你必須透過這類精神修行來轉變你的體驗模式，從而達到佛陀所證得的覺悟。你要以佛陀的修行方式加以實踐，而不只是坐在神龕前像小龍吐焰反覆念誦「阿彌陀佛」，就期望自己有所收穫。在禪宗這裡，你得下功夫才行。

這種冥想法源於印度，在印度，冥想已經有很長的歷史了。佛教在西元一世紀左右（通常被認為是西元六七年）傳入中國。大約在接下來的五百年時間裡，中國的佛教徒一直致力於將梵文佛經譯成中文。這個時期，人們對儀規、戒律與經義解釋等細節產生了濃厚的興趣，這是宗教人士常有的現象。後來，有位名叫菩提達摩（Bodhidharma）的印度僧侶來到了中國，他面壁而坐長達九年，一句話也沒說。

這裡的重點是，成佛是透過內心的開悟，而不是靠死板地念經和各種繁文縟節。因為覺悟源於內在的改變。冥想是修行的首要。它是禪宗的入門，恰與崇敬阿彌陀佛的信仰相反，後者會在儀式、燃香、點燈與禮佛下靜坐。而菩提達摩的宗派裡，人們不需要這些儀式和外在的裝飾，它是以心靈修練為主的修行。

嗯，這種方式對中國人來說不太合適。也許你了解中國人的精神特質？史賓格勒在他的世界史評論《西方的沒落》中，把中國文化稱為「流浪精神的文化」（wandering spirit）。

所以中國人在接受這種佛教形式時，經歷了一番掙扎。現在，我們來談談關於惠能大師的傳說，這個故事大約發生在西元七一三年。正是惠能讓佛教變成了東亞的佛教，而不是印度的佛教。這個故事雖然帶有傳奇色彩，但人們普遍把它當成真實的故事來講述。惠能是一名農家子弟，在父親去世後，靠著砍柴換錢來孝敬母親。某天，他在等人開門時，聽到有人在裡頭誦讀《心經》。當聽到「諸法皆空，色即是空，無我、無有、無雲、無世界」時，他豁然開朗。[116]

於是，他拜別了母親，前往寺廟出家。然而，他連中文都不會讀，更不用說梵文了，因此他被安排在廚房工作。

年輕的和尚們都在住持的教導下修行，但這位寺廟的住持年事已高，已到該退休的時候。於是，他舉行了一個小比賽：任何能以四句詩偈總結佛教教義，其道理最具啟發性的人，就能成為下一任的住持。廟裡有一位年輕和尚，大家都認為他會成為下一任大師。他在牆上寫道：

身是菩提樹，
心如明鏡台。
時時勤拂拭，
莫使惹塵埃。

惠能從廚房出來後，請朋友將牆上的詩念給他聽。聽完之後，他請朋友替自己在牆上寫下這首詩：

菩提本無樹，
明鏡亦非台。
本來無一物，
何處惹塵埃？[117]

他的見解確實更接近根本的教義。次日清晨，當住持下樓時，眾人還在議論紛紛，沒人知道這首詩偈是誰寫的。住持假裝生氣，拿鞋子將詩偈擦掉。於是大家只得回去忙自己的事。當天晚上，住持叫來了惠能，對他說道：「你過來。這是傳法的袈裟，這是祖師的缽，你快帶著它們走吧！」

如果他們的宗教因這種最終的覺悟而瓦解，這些年輕僧侶的紀律將要如何維持？他們還沒準備好。這裡的重點是：你不能只是打坐，這不是修行的全部。四處走走吧！行住坐臥都可能帶來證悟，啟蒙要從你日常所做之事尋找。

當你在讀禪宗的故事時，難免會感到困惑。惠能的故事被反覆講述，成為禪宗的典型故事。但在這故事背後，還有那位面壁九年的菩提達摩。然後去日本，走進一座禪寺看看，你會看到什麼？你會看到一排排嚴肅的小和尚，以極嚴謹的打坐姿勢冥想。這到底是怎麼回事？

當禪宗傳到日本時，它吸引了哪些人呢？它是武士、騎士精神和武僧的佛教。這給了你理解日本禪宗的線索。與中國的禪宗相比，日本禪宗是騎士精神及運動員的宗教，強調嚴格的紀律，並保持最佳狀態。中國禪宗的理想人物是一位老頑童，一個深富智慧的老朋友，能用滑稽的方式面對人生的種種。然而，日本禪宗的理想人物必須遵循武士道的紀律，並嚴格地落實在生活中。

在我旅日期間，曾與妻子多次參加茶道儀式。第一次是在信州的寺廟舉行的，目的是向我展示大眾佛教與禪宗之間的區別。[118] 我會試著用我所體驗的方式，透過一場茶道來說明兩者的差異。我們以為茶道是在很輕鬆的情況下舉辦，事實不然，它的規範相當嚴謹，如果你將茶杯擺錯地方，其尷尬程度猶如穿著雨靴面見英國女王一樣。最微小的變化，最輕微的偏差，都完全不可容忍，全屬一種失禮。

你走進一座可愛的小花園，坐在裡頭的長椅上，你會看到幾個盒子，裡面的茶碗已經被取出來，你可以仔細欣賞它們。用茶時間一到，你會被叫進去，此時你悠閒地走向茶室，那是一座專門用來喝茶的迷你茶屋。入口相當小，想走進去並不容易。但你必須姿態優雅，這讓人學會謙遜。你得把外頭的東西留在門外。這是狹窄的通道，也是進入一個小天地的入口。

然後你來到了這個為茶道精心設計的小房間，設計它的茶道大師，會遍尋世界，只為找到茶室的柱子，它是茶室的主要構成元素。它看似渾然天成，但也帶著不著痕跡的人工斧鑿，那是一塊優雅而又美麗的木頭。

茶室內有一個小廚架，擺著一些小東西和一個小盒子。它沒有實際用途，就是讓你觀看，它就是一個物件。你從來沒想過把這些東西當成純粹之物看待，就像是無物之物，這實在很玄奧。牆上有一幅掛軸。還有一兩件小東西放在那裡，你可以單純凝視它們。雜物不多，就一兩樣，重點是所有的東西都被精簡到只剩下美感或擺設的精華，而那就是你要關注的。

接著茶道開始。他們會給你一些小蛋糕，以及美妙又奇特的綠茶粉。將茶粉倒入碗中後，再用勺子舀入開水，然後用一個看起來有點像刮鬍刷的竹製茶筅將它打成泡沫，然後你就可以喝到這碗甘露般的茶了。茶有一點苦，但當你習慣之後，就會覺得非常好喝。最後，你要以特定的方式歸還茶碗。

我從其中兩個茶碗明白了某些事情。其中一個碗來自大眾化的教派，也就是信州派（淨土真宗）的碗，是一個漂亮的陶瓷碗，它帶有淡淡的灰藍色，邊緣處呈深藍色，自然滴落的釉彩形成相當厚實的質感。那個茶碗幾乎和我的小指頭一樣厚，但觸感很柔和。你能感受到它的分量，給人溫暖和充滿生命力的感覺。那就是大眾化佛教給人的感覺。而另一個由禪僧製作的禪碗則像蛋殼一樣薄，給人極度的緊繃感。碗身的觸感乾燥，略微磨手。碗上薄薄地塗了一層淡棕色的釉彩，顯得樸素而緊繃，就像茶道一樣令人緊張。然而，它也是放鬆的，因為在經歷了那種緊張感之後，放鬆也會隨之而來。

突然間，我明白了。禪的核心在於，它要求你在生活中的每一刻、在所做的每一件事中，保持「形式中的存在」狀態（being-gorm），就像顛峰時期的運動員一樣，保持身心的最佳狀態，你不能像在家裡逗小孩那樣放鬆。後來我以各種方式驗證了這一點。你會處於運動員或武士那樣的高張力生命狀態。因此，柔道、劍道（日本劍術），和弓道（射箭）都可以成為體會禪意的方式。

所以，在佛教的各種渡船中，你可以選擇菩提達摩所代表的禪宗，也可以選擇日本禪宗。前者的修行是靜思苦行，後者則是運動員式的「行動中冥想」（meditation-in-action）。而在這兩者之間，你還有阿彌陀佛的修行方式可選擇，他對人生抱持著友善而溫暖的態度。無論你選擇何種方式，那都是佛的道路。那麼，你為什麼會選擇這種而不是那種，或選擇那種而不是這種呢？**因為你喜歡它**。這裡沒有人會以任何方式強迫你。要點在於無論你所做的任何事情、你所看間的任何事物，都是通往佛陀之路的開端。

對我來說，佛教最重要的故事是佛陀的某次說法。那時，佛陀坐在那裡，眾人正圍在他身邊等待佛陀說法，但佛陀只是拈了一朵花，就只是一朵花。大眾之中有一個人**領會**了佛陀的深意。對他來說，那朵花本身足以使他開悟。但其餘的人依舊一頭霧水，所以佛陀講述了一部經，也就是《華嚴經》，用來解釋他的意思[119]：人生其實無事可說。它是沒有意義的。是你賦予了它意義。如果你希望人生有意義，那就去尋找它，並將它帶入你的人生中，但人生不會給你意義。意義是一個概念，是你朝向某個目的的想法。而佛教的重點是，「這就是它」。

佛陀被稱為「**如來**」(*tathāgata*)，意思是「如是而來者」；那朵花就是如來，就是「如是而來」的存在。佛陀的形象經常被描繪成正在凝視一朵花。那朵花就是世界。那朵花就只是一朵花，是我現在所凝視的花。或許有人會認為這朵花存在的意義是為了服務某個目的，但這並不是這朵花的神祕本質。它神祕的本質即是它的存在，你可以說，它被宇宙之海的光環所環繞，因此我們難以得見。

佛教即是對這個事實的開悟，領悟「這就是它」這個事實。你就是它，而它即是虛無。這是一個很難解釋的概念，因為言語本身暗示著某種意義的存在，但關鍵在於，你只需要領悟。因此，你無法真的傳遞或教導佛法：你只能引導人走向它。

這些不同的修行方法都只是為了達成這一點。我曾在日本遇見兩位佛教徒。一位是來自緬甸的小乘僧侶，一位是信仰大乘、老練的日本商人。我們都受邀前去一場雞尾酒會。當我走向那位日本人時，他正在聽人談有關佛教僧團的事情。他手裡拿著一杯啤酒，牙籤上還插著一隻蝦，他對我說：「我覺得我們日本人是很有趣的佛教徒。我們總是吃個不停，毫無顧忌。你要是把肉放進日本和尚的碗裡，他就會把那塊肉吃了。因為那動物不是為他而殺的。那是世界運作的法則。」而另一位緬甸的僧侶不會碰肉，因為他的生活中有各種禁忌和戒律，但大乘佛教卻是隨遇而安。

這種態度也有偏執的一面，並且會在戰爭中表現出來。你看，如果每件事都是對的，那麼這件事也是對的。如果你要肯定這個世界，那就對這個世界說

「是」，就是這麼一回事。如果你在世上的角色是殺戮，那就去殺。無須為此感到內疚，但也不要引以為傲。

有一則日本武士的精彩故事，恰好可以為我的內容總結。某位武士花了數個月的時間追捕殺害他主君的凶手，終於，他將對方逼入絕境。現在，他拔出了武士刀。那人背靠著牆，無計可施。在恐懼與憤怒中，那人朝武士吐了一口唾沫。結果武士將刀收回鞘中，轉身離去。

他這麼做的原因是什麼呢？因為他在那一刻感到憤怒。如果他在憤怒中殺了那個人，復仇就會成為**他的**個人行為。這意味著他將自己束縛在恐懼、慾望和憤怒的世界裡。在那人向他吐口水之前，他一直保持自己的平衡，彷彿一切都沒發生。但現在，他失去了那種平衡。他已失去了不動點。無法再說自己是以無為的心在採取行動了。所有運動員都知道，這才是成為運動員該有的境界：你在行動，但心並不為行動所罣礙。讓事情自然地發生，這正是它應該發生的方式。

因此，在其終極的奧祕中，佛教是一個極難領會的宗教。然而，在實際的實踐中，這又是一個極容易讓人產生共鳴，並發願跟隨的宗教。因為你所做的每一件事情，都是在實踐它。人最大的罪過是怠慢你的生命，沒有對它保持專注，沒有全心活在當下，沒有專注此刻的奧祕，沒有參與此時此地正在發生的事情。若能保持覺察，你就會明白，整個世界的奧祕與虛空正透過你閃耀，你已身在彼岸。

彼時你將無話可說。因為彼岸就是此岸，我們現在就在那裡，與萬物相互輝映著。

第 4 章

結語

內心深處的老虎

✶佛嬰的哭泣

關於佛陀的誕生，有一則精彩的小故事。佛陀以神奇的方式從母親的側腹出生。神明為了迎接他，特地從天上降臨，並用一塊金布將嬰兒包裹起來，然後放在地上。佛陀出生後的第一件事，就是在地上走了七步。接著他一手指天，一手指地，以雷霆之聲宣告：「天上天下，唯我獨尊。」

我曾參加鈴木大拙博士這位禪學大師的一場小型講座，他專門講了這個主題。[120]「這真是件有趣的事，一個剛出生的小嬰兒竟然在地上走了七步，還說出那樣的話。」他說：「你可能會認為，這些事應該等到他的第二次出生，也就是在菩提樹下的精神性重生時再這麼說才對。但是，」他接著說：「你要知道，在我們東方，所有的事情都會混為一談。我們不會刻意區分精神與物質，肉體層面的誕生和精神層面的誕生，對我們來說都是一樣的。」

然後，他繼續講了很長的講座，引經據典地討論，還假裝弄丟講義，讓我們幫忙找。你們知道，中國的傳統繪畫裡經常有一些留白，這些留白是讓觀者能用個人的想像力加以填補，使你能進入畫中的世界。同理，一個好的講師也會在演講中留下一些空隙。講課難免會讓人感到疏遠，因為師生之間會有隔閡存在。因此，鈴木大師會故意講錯話、發錯音，或甚至弄丟講義，以便我們都能參與教學的過程，讓聽眾都能融入其中。

最後他說：「你知道嗎？有人告訴我，嬰兒出生的時候都會哭的。那嬰兒哭的時候在說什麼呢？他們在說：『天上天下，唯我獨尊。』」

接著他又說：「因此，所有的嬰兒都是佛嬰。那麼，摩耶夫人的嬰兒和你們的嬰兒有何不同呢？差別在於，摩耶夫人的嬰兒**知道**自己是佛嬰，並用這樣的自我認識為人處事。而你們的嬰兒還困在感官的束縛中，陷於我們所灌輸的錯誤教導和各種錯誤觀念裡，他們必須從此中掙脫。但摩耶夫人的嬰兒已經歷了完整的生死輪迴，當他最後一次來到這個世界，去展現一個圓滿生命的形象時，他已與純粹的意識結合。」

因此，你需要結合的是佛性，而不是佛陀。所以，對於佛教徒來說，佛陀是否真實存在過並不重要，你不用像基督徒相信基督那樣，把基督的生平當成歷史事實來信仰。對基督徒來說，救世主是否真的存在是有差別的，但對佛教徒而言絕非如此。無論佛陀是神話人物還是歷史人物，他都是生命中佛性奧祕的展現。佛陀存在與否，並不影響我們去發現自己內在的佛性。他可以作為神話人物，作為牆上的影子，或作為一種啟發，引導你發現內心的佛性，然後你就入門了。你將與永恆及存在的本源合而為一。

✶老虎與山羊

最後，讓我講一個印度動物的小故事作為結尾。印度人的故事很精彩，彈指間就能啟發人心。這則寓言特別受到羅摩克里希那的喜愛。

從前從前有一隻懷孕的母老虎，飢腸轆轆的牠遇見了一群山羊。牠急躁地撲向羊群，結果撲了個空，重重地摔在地上，羊群也四散而逃。經此一摔，母老虎意外誕下了小老虎，自己卻傷重而死。山羊回到原來的地方後，出於強烈的母性本能，牠們收養了這隻一出生就沒有母親的小老虎。

小老虎長大後以為自己是山羊。牠學會了吃草，學會了咩咩叫。牠沒照過鏡子，因此不知道自己是老虎。當然，吃草和咩咩叫都不是老虎的天性，所以當牠進入青春期時，早已成為一隻很可憐、不像樣的老虎了。

然後，有一天，一隻外出狩獵的大公虎撲向了那群山羊，羊群再次四散而逃。但這隻年輕的孤兒畢竟是頭老虎，牠站在原地，勇敢地面對入侵者。

那隻大老虎驚訝地看著牠，說道：「你怎麼會和山羊一起生活？」

「咩！」年輕的老虎回答道，同時又啃了一點草。

那隻大老虎簡直羞愧難當，發現自己的同類竟然變成這種樣子實在太讓牠驚訝了！牠試著給那隻年輕的老虎一點教訓，但只得到了愚蠢的咩咩聲。情急之下，牠叼起了小傢伙的脖子，將牠帶到一個寧靜的池塘邊。

正如我所說，瑜伽的概念是讓心靈的漣漪能歸於靜止，像一座平靜的池塘，這樣你才能看到完美的倒影。於是，小老虎看著那座平靜的池塘。大老虎，也就是牠的古魯，也一起湊了過去。古魯說：「看看我的臉，也看看你的臉。你長著老虎的外貌，你不是山羊。你就像我一樣，要像我一樣。」

小老虎又發出了一聲愚蠢的咩咩聲，但這次牠似乎有所領悟。

大老虎再次叼起牠的脖子，將牠帶到虎穴去，那裡有一隻剛被殺死的瞪羚，血淋淋的，看起來非常美味。大老虎抓起一塊肉，塞給小老虎。

小老虎帶著厭惡往後退。「我是吃素的。」

「快點吃！」大老虎說，同時把這塊血淋淋的肉塞進小老虎的嘴裡。小老虎忍不住作嘔。「所以，」羅摩克里希那此時說了：「所有人剛接觸真實的教義時都是這樣的反應。」小老虎確實感到噁心，但當食物最終進入牠的血液後，牠開始出現一種前所未有的感受：那就是牠該吃的食物。

在不經意間，牠內在的老虎天性自然而然地覺醒，甚至在牠還沒有察覺的情況下，牠伸了一個只有老虎才會伸的懶腰，發出了類似虎嘯的聲音，雖然還沒那麼像，但那頭了解虎嘯為何的大老虎，卻已經聽出牠的潛能正在甦醒。

大老虎說：「很好！現在我們出發，去森林裡吃老虎的食物吧！」

我很喜歡這個故事，所以會將它講給學生聽，當我問他們故事的寓意時，學生常回答我：「活出你內在的老虎！」[121]所以，這個故事真正要告訴我們的是：「我們都是生活在羊群中的老虎。因此，走入森林吧！在夜晚的森林中，去尋找你內心深處那隻熾熱閃耀的老虎。」

註釋

編者序

譯註1。吉杜．克里希那穆提（1895-1986），知名的二十世紀印度思想家，強調慈悲與當世解脫的思想，影響力極廣。

譯註2。卡爾．榮格（1875-1961），瑞士精神科醫師，分析心理學創始人，藉由臨床觀察提出了集體無意識與原型的觀點，深深影響了喬瑟夫．坎伯的神話學理論。

譯註3。阿道夫．巴斯蒂安（1826-1905），德國民族學家，反對環境決定論，認為人的心智具有一致性，他的觀點對人類學及心理學都產生了影響。

譯註4。海因里希．齊默（1890-1943），德國印度學家及語言學家，以研究印度神話及哲學而聞名。

譯註5。是一本知名的比較神話學作品，也是喬瑟夫．坎伯的大作。他在書中的理論被影劇界大量採用，影響當代文化甚深。本書繁中版為朱侃如翻譯，漫遊者文化出版。

譯註6。中譯文出自李宇美譯《拿戈瑪第經集》第195頁，台中：一中心出版社，2021。

引言

1原註1。本引言摘自一九八二年十一月九日於新墨西哥州聖塔菲發表的一場演講，題目為「隨時間改變的神話」（Transformation of Myth Through Time, L1022）。該演講的其餘部分後來以「從男神到女神」（From God to Goddess）為題，作為《神話》（*Mythos*）影像系列第一卷《塑造我們的神話傳統》（*The Shaping of Our Mythic Tradition*）的第四集發行。

2原註2。關於榮格對集體無意識（collective unconscious）的原型的理論探討——這些理論對坎伯的思想至關重要——可參閱《神話：塑造我們的神話傳統》第一集〈靈魂與象徵〉（Psyche and Symbol）（Los Angeles: Inner

Dimension, 1996）。另可參考榮格著，喬瑟夫・坎伯編輯的《袖珍版榮格》（*The Portable Jung*）裡頭的〈集體無意識的概念〉（The Concept of Collective Unconscious）（New York: Viking Press, 1971）。

3 譯註1。西格蒙德・佛洛伊德（1856-1939），奧地利精神科醫師，精神分析的創始人，當代心理治療的奠基者，他是第一位對無意識展開系統性研究的心理學家。著有《夢的解析》、《日常生活的心理病理學》等書。

4 譯註2。原文有誤，此人應是阿爾弗雷德・阿德勒（Alfred Adler,1870-1937），奧地利醫師，個體心理學的創始人，是佛洛伊德的同事，後因觀點不合而分道揚鑣。他與佛洛伊德、榮格並稱心理學三巨頭，代表作品有《自卑與超越》、《生活的科學》等書。

5 原註3。西雅圖酋長是蘇逵密西（Suquamish）部落的酋長，該部落位於普吉特灣沿岸，鄰近後來以他之名所命名的城市所在地。一八五四年，當美國政府提議購買其部落的土地時，西雅圖酋長發表了一篇演說，其中包括這樣一句話：「我們知道，不是地球屬於人類，而是人類屬於地球。」這篇演說有多個抄錄版，皆經過西方意識形態的編輯與篩選，然而，它依然生動地展現了一種前西方世界對人類與自然關係的獨特理解。

6 原註4。一九六三年，坎伯在紐約公共電視台參與了一個名為「面具、神話與夢境」（Mask, Myth and Dream）的系列講座，他在當時買了這台電視機。

7 原註5。伊曼努爾・康德（Immanuel Kant）著，諾曼・肯普・史密斯（Norman Kemp Smith）譯：《純粹理性批判》（*A Critique of Pure Reason*）（New York: St. Martin's Press, 1985）第65頁。

8 原註6。參見原註3。

9 譯註3。一個梵天年大約是三兆一一〇四億年，三百六十個梵天年大約是一一一九兆七四四〇億年。

第一章

10 原註7。本節及下一節內容主要摘錄自一九七二年二月三日坎伯於新學院社會研究所（New School for Social Research）發表的演講「東方神話」（Oriental Myth, L382）。該演講後來以「解讀東方神話」（Interpreting Oriental Myth）為題，收錄於《喬瑟夫・坎伯錄音集》第三卷〈東方之道〉的第一部。

11原註8。馬丁．布伯（1878–1965）是一位哲學家兼猶太神學家。他最著名的著作是《我與你》（*I and Thou*, New York: Touchstone Books,1974），該書探討了自我（「我」）與現象世界的關係，並認為其中的物體與生物可被視為「它」或「你」。

12原註9。格爾肖姆．朔勒姆（1897–1982）是研究猶太神祕主義與宗教的重要學者。

13原註10。坎伯提及的這次旅行發生在一九五四－一九五五年間。他的旅行日記已出版，包括《小費與大梵：亞洲日記——印度》（*Baksheesh & Brahman: Asian Journals*）與《清酒與開悟：亞洲日記——日本》（*Sake & Satori: Asian Journals-Japan*）（Novato, Calif.: New World Library, 2002）。

14原註11。最新的考古發現已確立中國青銅時代的起點，約為西元前二〇〇〇年，與夏朝的出現有關。然而，坎伯的觀點依舊成立。

15譯註4。大年又稱「柏拉圖年」或「歲差年」，是春分點完整繞行黃道一周所經歷的時間，長度大約是二五八〇〇年。受進動（precession）現象的影響，時間長度會略有變化。

16譯註5。意思是走向死亡的歷程。

17譯註6。絕對理念是德國唯心主義哲學家黑格爾（Georg Wilhelm Friedrich Hegel,1770-1831）的核心概念，它意味著獨立存在且涵攝一切的宇宙精神或本源。在他的觀點中，絕對理念是宇宙的本質，而世間萬物則是它的變化。

18原註12。這一觀點構成了《喬瑟夫．坎伯文集》（*Collected Works of Joseph Campbell series*）首部作品的基本論點，由尤金．甘迺迪編輯：《汝即是彼：轉變中的宗教隱喻》（Novato, Calif.: New World Library, 2001）。

19譯註7。作者的意思是亞當與伊甸園。

20譯註8。取自愛爾蘭作家詹姆士．喬伊斯（James Joyce, 1882-1941）《芬尼根守靈》（*Finnegans Wake*）。喬伊斯是愛爾蘭詩人，二十世紀最重要的作家之一，著有《都柏林人》、《一個青年藝術家的畫像》、《芬尼根守靈》等書。

21原註13。吉爾伯特．莫瑞（1866–1957）是一位多產的翻譯家、牛津大學希臘文教授，並積極參與婦女權利運動與國際聯盟的倡議。他的文章〈普羅米修斯與約伯〉（Prometheus and Job）似乎是這句妙語的來源，也是坎伯進行這一比較的靈感來源。

22 譯註9。艾斯奇勒斯（Αισχύλος，西元前525-456），古希臘劇作家，有悲劇之父的美名。

23 原註14。儘管該領域的研究工作還在進行，但直到撰寫本文時，該文字仍未破譯。

24 原註15。關於「事法界」與「理法界」的深入討論，可參閱坎伯一九五五年日本之行的日記《清酒與開悟》第96－99頁。

25 原註16。本節內容摘錄自坎伯於一九七二年二月三日在新學院社會研究所發表的演講「東方神話」，該演講後來以「解讀東方神話」為題，作為〈東方之道〉系列的第一部，收錄於《喬瑟夫・坎伯錄音集》第三卷。此外，部分內容來自一九五七年十一月坎伯在美國外交學院（Foreign Service Institute）發表的演講「印度哲學的主要主題」（Main Themes in Indian Philosophy, L24）第三部。

26 譯註10。歐西里斯是埃及神話裡的農業之神，掌管綠洲。他在神話裡被弟弟賽特（Set）殺害並分屍，但在妻子伊西斯（Isis）與智慧之神托特（Thoth）的幫助下復活，由於屍塊少了一塊，因此僅復活一天，而後成為了冥王。

27 原註17。關於該主題的更多討論，請參閱《汝即是彼》第89-90、113頁。

28 譯註11。卡爾克斯是希臘神話中的預言家與祭司，他預言若無阿基里斯（Achilles）參戰，希臘聯軍就無法戰勝特洛伊人，同時也占卜出這場戰爭得歷時十年才會有結局。

29 原註18。此歌曲據傳為十五世紀峇里島作曲家坎迪達薩（Candidasa）所作，譯文取自沙西布山・達斯古普塔（Shashibhusan Dasgupta）的《孟加拉文學背景中的密教派別》（*Obscure Religious Cults As Background of Bengali Literature*）（Calcutta: University of Calcutta, 1946）第137頁。

第二章

30 原註19。本章及下一章主要取材自「象徵與神祕體驗」（Symbolism and Mystical Experience, L121）系列講座的第二部，該講座於一九六六年十月十七日在溫萊特會館（Wainwright House）發表，後來以「印度的神祕傳統」（The

Mystical Tradition in India）之名收錄於《喬瑟夫・坎伯錄音集》第三卷〈東方之道〉的第三部。坎伯在講座中比較瑜伽與精神病象徵意象的部分，則來自一九六九年三月二十六日於庫柏聯盟（Cooper Union）發表的講座「瑜伽」（Yoga, L245）。有關克里希那與牧女的部分，則摘錄自一篇未發表的文章（I54），這篇文章可能曾是《東方神話》（*Oriental Mythology*）第二卷《神的不同面具》（New York: Viking, 1962）中的一部分，但最終未收入該書。書中〈身體、心智與心靈的瑜伽〉（Yoga of the Body, Mind, and Heart）這一節的幾個部分，則取材自未發表的文章〈愛慾瑜伽〉（Erotic Yoga, I3 8）。

31 原註20。坎伯在數本著作中探討了這一觀點，包括《清酒與開悟》第146頁、《東方神話》第294–295頁，以及《西方神話》（*Occidental Mythology*），即《神的不同面具》第三卷（New York: Viking, 1964）第285–286、362頁。

32 原註21。坎伯對昆達里尼瑜伽意象的最詳盡探討，可參見《外太空的內在世界：作為神話與宗教的隱喻》（*The Inner Reaches of Outer Space: Metaphor As Myth and As Religion*）（Novato, Calif.: New World Library, 2002）第35－45頁，或《神話的意象》（*The Mythic Image*），Bollingen Series C（Princeton, N.J.: Princeton University Press, 1974）中的〈蓮花階梯〉（The Lotus Ladder）第330–391頁。

33 譯註12。羅摩克里希那（1836-1886），知名的印度瑜伽士，是當時印度教的領導者之一，他沒受過太多的學校教育，而是從異象中學習到各種知識。

34 譯註13。坎伯在書中的用語均是subconscious，並未使用unconscious，但後者是佛洛伊德與榮格等深度心理學家較常使用的術語。本文出現subconscious時譯為潛意識，出現unconscious時則譯為無意識。

35 原註22。R．D．連恩（R. D. Laing），《經驗的政治學》（London:Penguin Books, 1967）。

36 原註23。斯瓦米・尼克希拉南達（Swami Nikhilananda）譯，喬瑟夫・坎伯編：《羅摩克里希那福音》（*The Gospel of Sri Ramakrishna*）（New York: Ramakrishna-Vivekananda Center, 1942）第242頁。

37 譯註14。該術語也翻譯為「臍輪」。坎伯對此脈輪的說法稍有窄化之嫌，但為了配合書中內容，本書翻譯為「生殖輪」。

38 原註24。威廉・華茲華斯（William Wordsworth），〈遠望廷特恩修道院數英里外的數行詩〉（Lines Completed a Few

Miles above Tintern Abbey）第98–102行。

39 譯註15。也就是由兩個正三角形以一正一反的形式所構成的六芒星。

40 原註25。《約翰福音》1:1。

41 譯註16。亞穆納河為印度北部大河，恆河的重要支流。

42 譯註17。普拉亞格和貝納勒斯均是印度北方的大城市，後者亦是印度古代的聖城之一。

43 原註26。薩拉哈（Saraha）著，師覺月（P. C. Bagchi）編：《道歌集》（*Dohakosa*）第47、48號，譯文取自沙西布山・達斯古普塔：《孟加拉文學背景中的密教派別》（Calcutta: University of Calcutta, 1946）第104頁。

44 原註27。達斯古普塔：《孟加拉文學背景中的密教派別》第58－59頁。

45 原註28。同上，第158頁。

46 原註29。阿圖爾・叔本華（Arthur Schopenhauer），《作為意志與表象的世界》，佩尼（E. F. J. Payne）譯（New York: Dover Publications,1966）。

47 譯註18。《薄伽梵歌》是印度教的重要經典，取自史詩《摩訶婆羅多》中的一段對話，對談者是主角之一的阿周那與天神克里希那，後者向前者講述人生的道理，勸他奉行此生的義務，投入到他不想面對的戰爭。

48 原註30。尼克希拉南達，《羅摩克里希那福音》。

49 原註31。此故事改編自尼維帝塔修女（Sister Nivedita，原名 Margaret E. Nobel）與阿南達・庫馬拉斯瓦米（Ananda K. Coomaraswamy）合著的《印度教與佛教神話》（*Myths of the Hindus and Buddhists*）（New York: Dover Publications, 1967）第228–235頁。

50 譯註19。這是《古蘭經》裡第十二章的故事，描述有夫之婦祖萊哈與喬瑟夫（與文中的猶索夫是同一人）的感情故事。

51 譯註20。尼扎米（1141-1209），十二世紀的波斯語詩人與學者，對中亞各國的語言文學均有重大影響。

52 譯註21。此觀點由阿拉伯學者阿威羅伊（Averroes，又稱伊本·魯世德〔Ibn Rushd〕，1126-1198）所提出，他是亞里斯多德的擁護者，認為宗教與哲學可能存在兩種不同卻同時成立的真理，但它們並不矛盾，因為真理有多個層次。

53 原註32。本節及前一節主要取材自「象徵與神祕體驗」系列講座的第二部分，該講座於一九六六年十月十七日於溫萊特會館發表，後來以〈印度的神祕傳統〉之名收錄於《喬瑟夫·坎伯錄音集》第三卷的〈東方之道〉。

54 譯註22。坎伯的意思是，對習慣於將個人的幸福歸因於環境與外界好壞，而不是向內尋求的人來說，這種說法可能是太震撼了。

55 譯註23。奧本海默（1904-1967）是美國理論物理學家，他參與的曼哈頓計畫成功研製出核武器，故被稱為原子彈之父。

56 原註33。本節摘錄自「世界靈魂」講座（World Soul），是「印度的藝術與宗教」（Art and Religion of India）系列講座的第二部分，該講座於一九六八年在亞洲協會（Asia Society）發表，也發表在《世界靈魂》（*The World Soul*）中，收錄於《喬瑟夫·坎伯錄音集》第二卷的〈內在之旅：東方與西方〉。

57 譯註24。作者此處指的是「林伽–約尼」這個意象的象徵。

58 譯註25。詹姆士·喬伊斯，見註釋58。

59 原註34。《創世記》1:1–3。

60 原註35。斯特拉斯堡著，哈托（A. T. Hatto）譯：《崔斯坦》（New York: Viking Press,1960）第xxx頁。

61 譯註26。海希奧德為古希臘詩人，大致活躍於西元前八世紀至七世紀間，與荷馬同一時代。他撰寫的《神譜》交代了希臘諸神的源起與人物關係，是希臘神話的奠基之作。

62 原註36。本節內容是源於一場名為「東方對個體的觀念」（Oriental Concepts of the Individual, L43）的講座，該講座係於一九六一年二月二十日在庫柏聯盟論壇（Cooper Union Forum）的「影響與觀念」（Influences and Concepts）系列講座中所發表。由於錄音品質較差，因此並未發行該講座的錄音帶。

63 原註37。人格面具情結（*personae* complex）是榮格提出的心理結構，屬於他所稱的原型之一。關於集體無意識中的原型，詳見原註2。

64 譯註27。《艾尼亞斯紀》是古羅馬詩人維吉爾的作品，描述羅馬人的祖先是特洛伊人艾尼亞斯，在特洛伊城被希臘人攻陷之後，他率領族人輾轉定居羅馬城的故事。

65 譯註28。單子（monad）是坎伯稱呼靈魂的說法，他在第3章中會有較完整的說明。

66 譯註29。也就是金、木、水、火、土這五顆反射出太陽光線的行星。

67 譯註30。這裡指的就是《舊約聖經》裡關於挪亞方舟的故事。坎伯要表達的是，古老的洪水傳說是自然事件，但新版本的洪水神話卻是神對人的懲罰。

68 原註38。本節摘錄自名為「重生瑜伽的意象：《西藏度亡經》」(Imagery of Rebirth Yoga: The Tibetan Book of the Dead, L243）的講座，該講座於一九六九年一月在伯洛伊特學院（Beloit College）進行，並以〈重生瑜伽的意象〉(Imagery of Rebirth Yoga）為名收錄於《喬瑟夫．坎伯錄音集》第二卷〈內在之旅：東方與西方〉的第四部。

69 譯註31。塔木茲是兩河流域神話中的牧人神，也是農業之神與豐饒之神，蘇美人稱之為杜牧齊（Dumuzi），他跟所有的農神一樣，都有死而復活的特徵，代表自然界的週期循環。

70 譯註32。阿多尼斯是希臘神話及小亞細亞地區的農神，他的故事跟愛神與冥后有關，由於兩位女神同時愛上了他，宙斯遂令其每年在人間與冥間往返。在其他的版本中他則被野豬殺死，但宙斯允其每年復活一次與愛神相伴數月。這解釋了四季的由來。

71 譯註33。佛洛姆（1900-1980），精神分析家與人本心理學家，是法蘭克福學派的要角。他將精神分析帶往對社會文化的研究，其作品影響力廣泛，著有《愛的藝術》、《逃避自由》、《人類破壞性的剖析》等書。

72 原註39。卡齊．達瓦－桑杜譯，伊文斯－溫慈編：《西藏度亡經》第三版（London: Oxford University Press, 1960）。

73 譯註34。根據經文的記載，亡靈若未把握時機與光明合一，那麼業力之風會吹著人往六道輪迴前進。

74 譯註35。原文為stupidity, malice or anger, and desire or lust，譯文照中文習慣的順序略微修改。

75 譯註36。根據經文所言，亡靈會在此時見到男女交合的場景，故而坎伯說是令人愉快的體驗。

76原註40。這次會面記錄於喬瑟夫．坎伯一九五五年的印度旅行日記中，參見《小費與大梵：亞洲日記——印度》（Novato, Calif.: New World Library, 2002）第277–279頁。

77原註41。本節摘錄自題為「東方有關創造力的哲學觀念」（Philosophical Concepts of Creativity in the Orient, L191）的講座，該講座於一九六八年一月三十一日在庫柏聯盟發表，並透過WNYC廣播電台播出，後來以「東方神話中的創造力」（Creativity in Oriental Myth）之名收錄於《喬瑟夫．坎伯錄音集》第三卷〈東方之道〉的第五部。

78譯註37。米開朗基羅（Michelangelo Buonarroti, 1475-1564），文藝復興時期最偉大的藝術家之一，尤其擅長雕塑與建築，與達文西及拉斐爾並稱文藝復興三傑。

79譯註38。達文西（Leonardo da Vinci, 1452–1519），文藝復興時期最偉大的藝術家之一，不僅是藝術家，也是發明家與工程師，他的手稿啟發了許多科學家，是西方文化史上最耀眼的天才。

80譯註39。種子字是藏傳佛教、印度教和密教中具有音聲力量與象徵意義的單一音節咒語。它被視為某種神祇、曼陀羅或宇宙力量的精髓濃縮，通常用作咒語的核心或起點。

81譯註40。「劫」在印度教和佛教中均是指一個長時段的時間單位。雖然每部經典的說法不同，但一般而言，印度教認為，一個「大劫」有四．三二億年，一個「小劫」也有四三二萬年。

82原註42。李約瑟，《中國的科學與文明》第二卷，《科學思想史》（*History of Scientific Thought*）（Cambridge: Cambridge University Press, 1956）。

83譯註41。原文the survival of the fattest是英文「適者生存」（the survival of the fittest）的戲謔語。

84原註43。阿南達．庫馬拉斯瓦米，《藝術中的自然轉化》（*The Transformation of Nature in Art*）（New York: Dover Publications, 1956）第64頁。

85譯註42。例如唐代詩人賈島的〈尋隱者不遇〉：「松下問童子，言師採藥去，只在此山中，雲深不知處。」

86譯註43。奧斯瓦爾德．史賓格勒（Oswald Spengler, 1880-1936），德國歷史學家與哲學家，代表作為《西方的沒落》。塞內卡（Lucius Annaeus Seneca the Younger, 西元前4－西元65年）是古羅馬的斯多葛派哲學家、政治家與劇作家，有多種著作傳世，例如《論生命之短暫》、《美狄亞》、《伊底帕斯》等。

87 譯註44。本故事出自《聊齋誌異》中的〈畫壁〉。故事尚有一段，為讀者錄於後文：「朱驚拜老僧而問其故，僧笑曰：『幻由人生，老僧何能解！』朱氣結而不揚，孟心駭嘆而無主。即起，歷階而出。」朱與孟便是故事裡的兩位書生。

88 原註44。坎伯與西方禪宗暨道家學者艾倫・瓦茨（Alan Watts）是親密的朋友。透過瓦茨，他也認識了傑克・凱魯亞克（Jack Kerouac）、尼爾・卡薩迪（Neal Cassady）和蓋瑞・史耐德（Gary Snyder）等人，他們是垮掉的一代（Beat Generation）中的「達摩流浪者」（dharma bums），將禪宗視為通往自發創造力與頓悟的道路。他們的經歷被記錄在凱魯亞克的多部小說中，最著名的是《達摩流浪者》（*The Dharma Bums*）（New York: Viking Press, 1958）。

第三章

89 原註45。本節內容來自幾場關於耆那教的講座段落，這些講座同時也是其他章節（特別是印度教與佛教）的基礎。

90 原註46。阿圖爾・叔本華著，T・貝利・桑德斯（T. Bailey Saunders）譯：〈論世界的苦難〉（On the Sufferings of the World），收錄於《悲觀主義研究：一系列論文》（*Studies in Pessimism: A Series of Essays*）（London: Swan, Sonnenschein & Co., 1892）。桑德斯的完整譯文如下：「有兩件事使人無法相信這個世界是由一位全知、全善且同時全能的存在所創造的：首先，它無處不在的苦難；其次，它最高的產物，也就是人類，顯然是不完美的，只是其本應成為之樣貌的滑稽作品。這兩點無法與任何此類信仰相容。相反地，它們恰恰證明了我所論述的觀點，這些事實顯示出，世界乃是我們自身惡行的結果，因此它本不該存在。」

91 譯註45。即前面所提到的宇宙巨人的身體上下層。

92 原註47。《馬太福音》6:28–29。

93 譯註46。商羯羅（約788–820年），是印度史上最重要的哲學家之一，不二論的奠基者。他創立了現代意義上的印度教，使佛教在印度走向衰頹。

94 原註48。本節內容取自一九六六年十一月二十一日喬瑟夫・坎伯於溫萊特會館所做的演講（L122），該演講為「象徵與神祕體驗」系列的第四部，並已發表在《喬瑟夫．坎伯錄音集》第三卷〈東方之道〉的第三部「印度教」（Hinduism）中。

95 原註49。這位年輕人幾乎可確定是青年時期的吉杜．克里希那穆提。坎伯最早在一九二四年於一條橫渡大西洋的輪船上與他相識，或許是出於對克里希那穆提聲譽的尊重，坎伯未明確提及他的名字。

96 譯註47。坐落於印度北方恆河畔的大城市，又稱瓦拉那西。

97 原註50。路易斯．芒福德（1895–1990）是一位建築師、城市規劃師及哲學家。

98 譯註48。*prāṇa* 的意思近似於中國的「氣」，印度思想用以指稱生命力或生命的能量，它會在人體內四處流動。

99 譯註49。卡巴拉，意為「傳承」或「接收」，是猶太教中的一種神祕主義傳統，大約興起於十二－十三世紀，但源流或許更早。它試圖探究宇宙與神性的奧祕，並透過象徵來理解世界的本質與人－神之間的關係。

100 原註51。本節內容取自坎伯於一九六六年十一月二十八日在溫萊特會館所發表的演講（L123），該演講為「象徵主義與神祕體驗」系列的第五部，也是最後一部，並已發表在《喬瑟夫．坎伯錄音集》第三卷〈東方之道〉的第四部「佛教」（Buddhism）中。關於佛陀與耶穌故事相似性的討論，則來自坎伯於一九八三年一月二十三日（L821）演講後的問答。

101 譯註50。梅爾維爾（1819–1891）是美國文學家，代表作為《白鯨記》，靈感就是源於他年輕時的船上生活。他在世時默默無名，貧困度日。一直到一九二〇年代文學復興，他才受到重視。

102 譯註51。約翰．甘迺迪（1917–1963）是美國第三十五任總統，他在任內通過冷戰外交、民權運動與太空探索等政策，對美國產生了重要的影響。後遭暗殺而死。

103 譯註52。原文為The horseless rider（沒有馬的騎士），但前文是the horse without a rider，應該是作者講反了。今照文義修正。

104 原註52。艾略特，〈燃燒的諾頓〉（Burnt Norton），收錄於《四重奏》（*Four Quartets*）（New York: Harcourt, Brace & Company, 1943）第15頁。

105 譯註53。英文的Sunday，從字面意義來說，就是太陽日（the day of the Sun）。而週六的英文Saturday，就是土星日

（Saturn's day）。

106 譯註54。作者的意思是，那裡並沒有「我」(1)，因此也就沒有他／怪物，因為佛陀不再起分別心，所以他就不再有任何由怪物和武器所象徵的那些煩惱。

107 原註53。《多馬福音》第113節。

108 譯註55。這些神祇皆為植物之神，相關故事可參考註釋26、69、70。

109 譯註56。歌德（Johann Wolfgang von Goethe, 1749–1832），德國最重要的文學家，也是哲學家，代表作有《少年維特的煩惱》、《浮士德》。

110 譯註57。原文是Easter Sunday，因為復活節是落在安息日後的第一天，由於安息日是週六，所以復活節會落在週日，也就是太陽日。因此基督徒以週日為新的一天。

111 譯註58。般涅槃指的是個體在臨終時的最終解脫，是身體和心理束縛的徹底消解。佛陀在他去世時進入了「般涅槃」，這象徵著他不再經歷生死輪迴，進入永恆的平靜。而涅槃則單指解脫或滅盡煩惱的狀態，但身體依舊在塵世。

112 原註54。《腓立比書》（The Epistle of Paul the Apostle to the Philippians）2:5–8。譯註：此段譯文取自和合本2010（神版）。

113 原註55。這派佛教信徒更傾向用「上座部佛教」（Theravāda Buddhism）這個名稱，而非小乘佛教，因為他們認為「小乘」（「小船」之意）的稱呼帶有貶義。

114 譯註59。喬瑟夫．坎伯所引的經文與佛經裡的阿彌陀佛四十八願有些微出入，應是取其大意。今採中文佛經的格式翻譯原文，與經文內容並不相同，特此說明。

115 譯註60。法然（1133–1212）是日本淨土宗的創立者之一，他強調念佛即可解脫，對後來的淨土真宗也產生了重大影響。

116 譯註61。此段描述與《六祖壇經》的內容不符，根據經文記載，惠能是偶然在客店外聽見一位客人在誦讀《金剛經》而產生疑惑，遂決定參禮五祖弘忍，後得開悟，並非《心經》。此外，《心經》亦無「諸法皆空，色即是空，無我、無有、無雲、無世界」此經文。

117 原註56。這兩首詩以及惠能的故事來自《六祖壇經》，而這位六祖就是惠能本人。

118 原註57。這個儀式似乎是在一九五八年於日本京都舉行的國際宗教史大會期間進行的。

119 譯註62。這並非佛陀講述《華嚴經》的緣起，此段故事應是坎伯本人將禪宗「拈花微笑」的典故與《華嚴經》的起源合併而來。

第四章

120 原註58。鈴木大拙（1870–1966）是最具影響力的早期日本佛教推廣者之一，對西方產生了深遠的影響。他的書籍和演講對坎伯有深刻的影響。他有一本作品名為《禪學入門》（*An Introduction to Zen Buddhism*），由榮格作序（New York: Philosophical Library, 1949）。

121 譯註63。原文為「Put a tiger in your tank.」，這是一句流行於二十世紀六〇年代的廣告詞，廣告商是美國埃索（ESSO）石油公司。廣告詞的原意是讓你的汽車更有活力，學生的回答可謂一語雙關。

後記

以下是喬瑟夫・坎伯所撰寫與編輯的主要書籍。每個書目均提供首版的資訊。如需其他版本，請參考喬瑟夫・坎伯基金會網站（www.jcf.org）的媒體書目。

《當兩人來到他們的父親面前：由傑夫・金所指導的納瓦荷戰爭儀式》（*Where the Two Came to Their Father: A Navaho War Ceremonial Given by Jeff King*），Bollingen Series I，與莫德・奧克斯（Maud Oakes）及傑夫・金（Jeff King）合著。Richmond, Va.: Old Dominion Foundation, 1943。

《為芬尼根守靈：析解》（*A Skeleton Key to Finnegans Wake*），與亨利・莫頓・羅賓遜（Henry Morton Robinson）合著。New York: Harcourt, Brace & Co., 1944。

《千面英雄》（*The Hero with a Thousand Faces*），Bollingen Series XVII，New York: Pantheon Books, 1949。

《野鵝的飛翔：神話學角度的探索》（*The Flight of the Wild Gander: Explorations in the Mythological Dimension*）。New York: Viking Press, 1969。*

《神的不同面具》（*The Masks of God*），共四卷。New York: Viking Press, 1959-1968。

卷一：《原始神話》（*Primitive Mythology*），1959年。

卷二：《東方神話》（*Oriental Mythology*），1962年。

卷三：《西方神話》（*Occidental Mythology*），1964年。

卷四：《創造性神話》（*Creative Mythology*），1968年。

《活出神話》（*Myths to Live By*）。New York: Viking Press, 1972。

《神話的意象》（*The Mythic Image*），Bollingen Series c。Princeton: Princeton University Press, 1974。

《外太空的內在世界：作為神話與宗教的隱喻》（*The Inner Reaches of Outer Space: Metaphor As Myth and As Religion*）。New York: Alfred van der Marck Editions, 1986。*

《世界神話歷史圖譜》（*The Historical Atlas of World Mythology*）：

卷一：《動物力量之道》（*The Way of the Animal Powers*）。New York: Alfred van der Marck Editions, 1983。重印版，共兩部分：

第一部分：《原始獵人與收集者的神話》（*Mythologies of the Primitive Hunters and Gatherers*）。New York: Alfred van der Marck Editions, 1988。

第二部分：《偉大狩獵的神話》（*Mythologies of the Great Hunt*）。New York: Alfred van der Marck Editions, 1988。

卷二：《播種土地之道》（*The Way of the Seeded Earth*），共三部分：

第一部分：《犧牲》（*The Sacrifice*）。New York: Alfred van der Marck Editions, 1988。

第二部分：《原始農耕者的神話：北美洲》（*Mythologies of the Primitive Planters: The Northern Americas*）。New York: Harper & Row Perennial Library, 1989。

第三部分：《原始農耕者的神話：中美洲與南美洲》（*Mythologies of the Primitive Planters: The Middle and Southern Americas*）。New York: Harper & Row Perennial Library, 1989。

《神話的力量》（*The Power of Myth with Bill Moyers*），與莫比爾（Bill Moyers）對談，貝蒂·蘇·富勞渥爾斯（Betty Sue Flowers）編輯。New York: Doubleday, 1988。

《神話的智慧：時空變遷中的神話》（*Transformations of Myth through Time*）。New York: Harper & Row, 1990。

《英雄的旅程：坎伯的生活與工作》（*The Hero's Journey: Joseph Campbell on His Life and Work*），菲爾·柯西諾（Phil Cousineau）編輯。New York: Harper & Row, 1990。＊

《坎伯生活美學》（*Reflections on the Art of Living: A Joseph Campbell Companion*），黛安·歐斯本（Diane K. Osbon）編輯。New York: HarperCollins, 1991。

《神話世界與現代語言：論詹姆斯·喬伊斯的藝術》（*Mythic Worlds, Modern Words: On the Art of James Joyce*），埃德蒙·愛普斯坦（Edmund L. Epstein）編輯。New York: HarperCollins, 1993。

《小費與大梵：印度日記 1954–1955》（*Baksheesh & Brahman: Indian Journal 1954–1955*），羅賓·拉森（Robin Larsen）、史蒂芬·拉森（Stephen Larsen）、安東尼·范·庫弗林（Antony Van Couvering）編輯。New York: HarperCollins, 1995。*

《神話的維度：1959–1987 年選集》（*The Mythic Dimension: Selected Essays 1959–1987*），安東尼·范·庫弗林（Antony Van Couvering）編輯。New York: HarperCollins, 1997。

《汝即是彼》（*Thou Art That*），尤金．甘迺迪（Eugene Kennedy）編輯。Novato, Calif.: New World Library, 2001。*

《清酒與開悟：亞洲日記——日本篇》（*Sake & Satori: Asian Journals—Japan*），大衛．庫德勒（David Kudler）編輯。Novato, Calif.: New World Library, 2002。*

《意識之光》（*Myths of Light*），大衛．庫德勒（David Kudler）編輯。Novato, Calif.: New World Library, 2003。*

---

*號皆由新世界圖書館（New World Library）出版，並收錄於《喬瑟夫．坎伯全集》中。

編輯作品

編輯並完成海因里希．齊默遺作的書籍：

《印度藝術與文明中的神話與象徵》（*Myths and Symbols in Indian Art and Civilization*），Bollingen Series VI，New York: Pantheon, 1946。

《國王與屍體》（*The King and the Corpse*），Bollingen Series XI，New York: Pantheon, 1948。

《印度哲學》（*Philosophies of India*），Bollingen Series XXVI，New York: Pantheon, 1951。

《印度亞洲的藝術》（*The Art of Indian Asia*），Bollingen Series XXXIX，共兩卷，New York: Pantheon, 1955。

《袖珍版一千零一夜》（*The Portable Arabian Nights*）。New York: Viking Press, 1951。

《伊拉諾斯年鑑論文集》(*Papers from the Eranos Yearbooks*),Bollingen Series XXX,共六卷,與霍爾(R. F. C. Hull)及奧爾嘉・福洛比–卡普特言(Olga Froebe-Kapteyn)共同編輯,拉爾夫・孟翰(Ralph Manheim)翻譯。Princeton: Princeton University Press, 1954–1969。

《神話、夢境與宗教:十一種聯結的視野》(*Myths, Dreams, and Religion: Eleven Visions of Connection*)。New York: E. P. Dutton, 1970。

《袖珍版榮格》(*The Portable Jung*),榮格(C. G. Jung)著,霍爾(R. F. C. Hull)翻譯。New York: Viking Press, 1971。

《生命之旅:一位藏傳仁波切的自傳》(*My Life and Lives*),穹拉惹對(Rato Khyongla Nawang Losang)著。New York: E. P. Dutton, 1977。

關於喬瑟夫．坎伯基金會

喬瑟夫．坎伯基金會誠摯邀請您體驗神話的強大力量。我們以喬瑟夫．坎伯畢生的研究為基礎，為那些聽到「冒險召喚」的人們提供豐富的資源與社群支持。

如欲進一步了解喬瑟夫．坎伯本人及喬瑟夫．坎伯基金會，請造訪我們的網站：www.jcf.org，或透過信件與我們聯繫：

Joseph Campbell Foundation 8033 Sunset Blvd. #1114 Los Angeles, CA. 90046-2401 United States

索引

A

Abraham亞伯拉罕　49, 152
Adam亞當　47
Adler, Jacob阿德勒　19, 81, 85, 118, 259；*artha* principle權力原則、drive to power and權力驅力　85, 147
Adonis阿多尼斯　158, 263, 297
*Aeneid*艾尼亞斯紀　142, 297
Aeschylus艾斯奇勒斯　51, 293
Age of the Four第四時代　135, 144
Agni阿耆尼（火神）　64, 68
*aham*我（ego自我）　46, 178, 255；creation story and 創世故事　46
ahaṃkārā, making the noise I　製造「我」的噪音　229
ahiṃsā（nonviolence）非暴力　208
*ājñā*眉心輪、the third eye第三隻眼　93, 162, 164, 69, 93, 183
Akkad阿卡德　36, 134
Akṣobhya Buddha阿閦佛　170
Al-Aqsa mosque阿克薩清真寺、Jerusalem耶路撒冷　86
al-Hallaj哈拉吉　42
ambrosia（*amrita*）甘露　60, 68
Amitābha or Amida阿彌陀佛（Buddha of Immeasurable Radiance無盡光輝的佛）　170, 171, 264, 268, 269, 271-273, 278
Amoghasiddhi Buddha不空成就佛　171
Ananta阿難陀（大蛇，「無限、無盡」）　25, 130, 181
Annapūrṇā安娜普爾娜　127
Arjuna阿周那　99, 101, 115-117, 138
art藝術；artist藝術家、function of 功能　177-180, 186, 188, 189, 191, 193；East Asian東亞　184, 188；East Asian artist東亞藝術家　179；immortality and the divine rendered by呈現永生和神聖性　54, 55, 60, 63；Indian印度藝術　177, 179, 181, 182, 191, 308；Indian artist as yogi印度藝術家也是瑜伽士　179；Indian cities印度城市、dream inspiration for受夢境景象啟發 180；Kwan-yin figure觀音形象　267；lack of individual inflection in Indian印度藝術作品缺乏個性變化　177；landscape山水畫、East Asian東亞、kakemonos 掛軸　185
*artha*權力（drive to power權力驅力）　85, 147
Arthurian tradition亞瑟王傳說　53
Aryans雅利安人　35, 62-64, 67, 68, 72, 73, 209, 217, 223
Aśoka阿育王　76, 235, 236
*āśramas*四行期（stages of life人生階段）　241
*ātman*阿特曼（self自性）　92, 113, 119, 182, 202；-*Brahman*一梵　92, 182。另參見「self自性」。

aum 唵　73, 89-93, 125, 159-161, 182
Avalokiteśvara 觀世音菩薩（中國稱為觀音 Kuan-yin，日本稱為觀音菩薩 Kannon）　266

B

Baksheesh & Brahman: Asian Journals—India（Campbell）《小費與大梵：亞洲日記——印度》（坎伯）　9, 292, 297, 307
Ben-Gurion, David 大衛・班—古里昂　153
Bhagavad Gītā《薄伽梵歌》（Song of the Lord 上主之歌）　99, 115, 117, 179, 244
bhakti 巴克提（ritual devotion 虔信）9, 219, 270　∵Amida Buddhism and 阿彌陀宗派　271-273, 278
Bodhidharma 菩提達摩　272, 273, 275, 278
Bodhisattvas 菩薩　206, 264, 267
Boniface VIII 博尼法斯八世　153
Brahmā 梵天　25-27, 131-133, 260, 291
brahmacarya 梵行期（going in Brahman 行於梵）　242
Brahman 梵（World Soul 世界靈魂）　11, 118, 123 ∵ *-ātman* 梵—阿特曼　92, 113, 119 ∵ as energy of all life 萬物眾生的能量　59, 65, 66, 67, 300 ∵ as energy of sacrifice 祭祀產生的能量　64-68, 72 ∵ as Kantian *Ding an sich* 等同康德所說的「物自身」　121 ∵ song of 梵歌　99, 115, 117, 179, 244 ∵ sound of 梵音（*aum* 唵）　73, 89-93, 125, 159-161, 182 ∵ Upaniṣad and 奧義書　16, 41, 45, 67, 72, 76, 91, 129, 207, 208, 211, 217, 223, 255, 256 ∵ yoga and union with 瑜伽與融為一體　77
brāhmaṇa 婆羅門（種姓階級）　63
Brahmavaivarta《梵轉往世書》　30
brahmins 婆羅門　26, 64, 66, 72, 73, 91, 211, 217, 220-228, 233, 235, 243, 246
Bṛhaspati 祭主仙人　28, 29, 154
Buber, Martin 馬丁・布伯　32-34, 292
Buddha 佛陀　30, 60, 100, 214 ∵ all life is sorrowful 所有的生命都在受苦　209 ∵ birth of and the cry of the Buddha child 佛陀的誕生和佛嬰的哭泣　284-286 ∵ Bodhi tree 菩提樹（immovable point 不動點）　60, 113, 256, 281 ∵ Christ, parallels 與耶穌基督的對比　262 ∵ *dhyāna* 禪那（contemplation 冥想）　196, 198, 272 ∵ fifth *cakra* 第五脈輪　172 ∵ five *dhyāni* 五方　170, 172 ∵ footprints 足印（*dharmacakra* 法輪）　87 ∵ illumination of 覺悟　114, 138, 154, 165, 198, 260, 265, 267 ∵ life of Siddhartha Gautama Sākyamuni 悉達多・喬達摩・釋迦牟尼的生平　248-265 ∵ lion symbol and 獅子的象徵　158 ∵ Middle Way of 中道　260 ∵ *paranirvāṇa* 般涅槃　263 ∵ realms 佛土　114 ∵ as *tathāgata* 如來，"the one who has come, thus,"「如是而來者」　279 ∵ temptations of 誘惑（Temptation of Kāma-Māra 迦摩—魔羅的誘惑）　258

Buddha-mind 佛心　11, 114, 171
Buddhism 佛教　41, 76, 142, 169, 148 ‥ aim to kill bonds of life, psychologically 目標是在心理上斬斷生命的束縛　245 ‥ Amitābha or Amida（Buddha of Immeasurable Radiance）school 阿彌陀佛或阿彌陀（無量光明的佛）宗　170, 264, 268, 269, 271-273, 278 ‥ basic thought, nobody there 基本思想是無我　270 ‥ Bodhi tree 菩提樹、"immovable point,"「不動點」 60, 113, 256, 281 ‥ Chinese 中國佛教　197, 215, 218, 267, 269, 272, 273 ‥ as creedal faith 信條式的信仰　218 ‥ desire 慾望，quenching of 泯除　112, 171, 206, 208, 210, 215, 259 ‥ ego elimination in 泯除自我（burnt string analogy 以燒過的繩子做比喻）215, 245 ‥ first doctrine 第一個教義　260 ‥ First Noble Truth 第一聖諦　261 ‥ Flower Wreath 花環經（*Avataṃsaka Sūtra*《華嚴經》）and enlightenment 以及覺悟　57 ‥ heaven and hells of（purgatories）天堂和地獄（煉獄）142, 160 ‥ history and spread of 歷史和傳播　218 ‥ Jainist doctrine versus 耆那教教義　205, 207-211, 214 ‥ Japanese 日本佛教　197, 198 ‥ *karma yoga* 業瑜伽　265 ‥ Mahāyāna（"great ferryboat"）school 大乘（大渡船）佛教　267, 268, 280 ‥ *nirvāṇa* 涅槃　114 ‥ as psychological religion 心理性的宗教　256 ‥ rebirth, symbolism of, in 佛教裡的重生象徵　169 ‥ samurai story 武士的故事　281 ‥ Second Noble Truth 第二聖諦　261 ‥ spread of 散播　218 ‥ *śūnyatā* 空性　161, 270 ‥ Theravāda or Hinayāna（"little ferryboat"）, school 上座部或小乘（小渡船）佛教　207, 266, 280, 301 ‥ Vajrayāna school 金剛乘　169 ‥ *yāna* 乘（ferryboat 渡船），or ways to enlightenment 或通往覺悟的道路　265-267 ‥ Zen school 禪宗　271, 272, 275, 276, 278, 299, 302
bull 公牛　53, 54 ‥ *Avataṃsaka Sūtra*（Flower Wreath Sūtra）《華嚴經》（花環經）57 ‥ in early mythologies 早期神話　158 ‥ in India, Nandi, 印度的南迪　59 ‥ Moon, connection with 與月亮相連　54 ‥ Poseidon and 波塞頓和公牛　134 ‥ sacrifice 公牛祭祀　157, 158
"Burnt Norton"（Eliot）〈燃燒的諾頓〉（艾略特）300

C

cakras 脈輪（*padmās* 蓮花）79 ‥ 1（*mūlādhāra*, root）第一脈輪（根輪）83 ‥ 2（*svādhisṭhāna*, sexuality）第二脈輪（生殖輪）85, 93, 163, 174 ‥ 3（*maṇipūra*, city of the shining jewel）第三脈輪（太陽輪、閃耀珠寶之城）85 ‥ 4（*anāhata*, heart, *aum*）第四脈輪（心輪、唵）173, 182, 184 ‥ 5（*viśuddha*, space）第五脈輪（喉輪）172 ‥ 6（*ājñā*, "the third eye," God with Form）第六脈輪（眉心輪、第三隻眼、有形的上帝）93, 122, 163, 170, 182, 184, 191 ‥ 7（*sahasrāra*, God without Form）第七脈輪（頂輪、無形的上帝）83, 97, 170 ‥ *kuṇḍalinī* 昆達里尼　79 ‥ *suśumnā* 中脈（channel of the spine 脊椎的通道）84

Campbell, Joseph 喬瑟夫・坎伯；Asian travels 亞洲之旅 8, 292；Buber and 布伯 32-34；comparative mythology and publications 比較神話學及出版作品 10, 290, 314；graduate studies, philosophy 哲學研究 8；Japanese sojourn 旅日 276, 292；lectures 演講 10-14, 55, 290, 291, 293, 299；Sarah Lawrence College 莎拉・勞倫斯學院 8；television and 電視 10, 21, 291, 315；Zimmer, Christiane and 克里斯蒂安・齊默 8；Zimmer, Heinrich and 海因里希・齊默 8, 12, 258, 290, 309, 314

Candidasa 坎迪達薩 293

Cassady, Neal 尼爾・卡薩迪 299

Çatal Hüyük 加泰土丘 135

Celts 凱爾特 44, 52, 153

China 中國；art of 中國藝術 197；*ch'an* (Zen) 禪 196；female as mask principle 女性代表面具原則 126；history of scholar named Chu 姓朱的年輕書生 195；ideogram for freedom 自由的表意符號、*ziyou* 自由 191；law: *li* and *tse* 法則：理與則 188；Shang dynasty 商代 36；Taoism 道家 185, 188, 191, 197, 215, 216；ten thousand things 萬物 184, 197, 270；*wuwei* 無為 186, 189, 190, 215, 281；Xia dynasty 夏朝（Bronze Age 青銅時代） 292

Christianity 基督教；Christ as true God and true Man 基督是真正的神，也是真正的人 162；church as carrier of the truth 教會是真理的載體 152；as creedal faith 信條式的信仰 218；gnosticism 諾斯底教派 262；Indian view of 印度的觀點 238；Jesus as path to God 耶穌是通往上帝的道路 43；Jesus, return of 耶穌復活 19；judgment 審判 146, 151, 153；"lilies of the field" 野地的百合花 215；literal interpretation of symbolism 象徵的表面解讀 7；Puritanism and rejection of iconography of 清教徒時期及基督教神話圖像體系被摒棄 21；"resting in God" 安息於上帝的懷裡 271；Trinity, idea of 三位一體教義 40

Christmas Carol, A (Dickens)《聖誕頌歌》（狄更斯） 83

Commedia Divina (Dante)《神曲》（但丁） 142, 143

consciousness 意識；dream 夢 90, 91, 131-133, 159-161；fable of three beings drinking from the river and 三種不同存在去同一條河喝水的寓言 114, 115；lack of 缺乏意識、unconsciousness 無意識 19, 91, 290, 291, 296；lunar 月亮 166；metaphysics and theology as function of the mind 形上學和神學是心靈的作用 118；plants and 植物和意識 77；psychosis and 精神病 81, 82；"undifferentiated mass" 未分化的意識團塊 160；vices, virtues and 惡習、美德 173；waking or Aristotelian 覺醒的意識或亞里斯多德式的 90, 159；world, reality, as projections of psychological images 世界、現實是心理意象的投射 118；yoga and 瑜伽 76, 77, 100

Coomaraswamy, Ananda K. 阿南達・庫馬拉斯瓦米 190, 295, 298

creation myths 創世神話；*Ahaṃ* (ego) and 我（自我） 46, 255；

Genesis《創世記》　46, 245, 296：Greek 希臘、Plato's 柏拉圖的　48, 256
Crete 克里特島：Greeks in 希臘人　62：Minoan culture 米諾斯文明　53：Poseidon 波塞頓　134
Critique of Pure Reason, A（Kant）《純粹理性批判》（康德）　22, 291

D

Dante 但丁　142, 143, 230
Dasgupta, Shashibhusan 沙西布山・達斯古普塔　293, 295
Dawa-Samdup, Lāma Kazi 卡齊・達瓦—桑杜喇嘛　169, 297
death 死亡　208：fear of 害怕死亡　30：symbols of, and rebirth or resurrection 重生或復活的象徵　53, 54, 59, 60, 157, 158, 168。另參見「Moon 月亮」。
Decline of the West, The（Spengler）《西方的沒落》（史賓格勒）　273
desire 慾望　46, 112, 138, 154, 171, 173, 208, 210, 214, 258, 259：in Buddhism 佛教裡的慾望概念　173
devadāsī 德瓦達西（dancing priestess 負責跳舞的女祭司）　63
dharma 法　29, 99, 219, 299：defined by class（Hinduism）依據其社會階級所規範（印度教）　99, 145, 147, 219, 226, 241：relationship of ego to, story 自我與「法」的關係之故事　232：stages of life and 人生的階段與「法」　241-247：yoga 法瑜伽　99, 100：yoga versus idea of 法與瑜伽的思想衝突　72
Dharma Bums, The（Kerouac）《達摩流浪者》（凱魯亞克）　299
Dharmacakra（wheel of law）法輪　87
dhyāna（contemplation）禪那（冥想）　196, 198, 272
Dickens, Charles 狄更斯　83
Dravidian seals 達羅毗荼文明印章　53, 59, 60
dreams 夢：consciousness and 意識與夢　90, 91, 131-133, 159-161：myth and 神話與夢　19, 160
duality 二元性：good-bad 善惡　20：in Jainism 耆那教的二元論　202, 211：male-female 一男一女　168：transcending 超越　97, 121, 256

E

Earth 地球　22-24, 291
East（Orient）東方：art of 東方藝術　162, 179, 182：creators and destroyers 創造者與毀滅者、concepts and deities 概念與神　132, 133, 166：defined 定義　40：deities, as agents of eternal cycle 神是永恆循環的代理者　150：ego, elimination of 消除自我　205, 216, 231, 233：game of life 人生遊戲　194：God（the divine）is within 神就在你的心中　34：good and bad in same deity 善與惡同時存在於同一位神明中　128：hero in 東方的英雄　143, 152, 154, 207：iconography 圖像學　87：identity, and solar light（transcendent）人的本質即是太陽光（超越）

55 ‥individual in myth東方神話中的個體觀念　140-143 ‥isolation and permanence隔離與永久　35 ‥male-female in same deity男性原則和女性原則在同一尊神明裡一起運作　172 ‥mystery experience and culture of 奧祕經驗與東方文化　40-45 ‥reincarnation as basis of social thinking東方社會思想的核心概念是輪迴　111 ‥religions, goal of東方宗教的目標　162 ‥submissiveness順從　142 ‥*tat tvam asi and neti, neti*「汝即是彼」以及「不是這個，不是這個」　41 ‥traditions of withdrawal, world negation避世傳統和否定世俗　207 ‥transcendence in東方哲學裡的「超越」　38
ego（*ahaṃ*）自我（我）　46, 229 ‥creation story and 創世故事　255 ‥*dharma* and, story 自我與「法」的故事　238-240 ‥Hindu austerity and killing of 印度修行體系的苦修和殺死自我　244 ‥transcendence and elimination of 超越與泯除自我　114, 178, 205, 206, 229, 244
Egypt 埃及　35-37, 59, 62, 134, 263 ‥bull symbol, and Osiris公牛象徵和歐西里斯　59, 158, 263 ‥*ma'at*正義　37 ‥resurrection 復活、Moon月亮、cycle反覆重生　59, 60
Einstein, Albert愛因斯坦　88
Eliot, T. S.艾略特　257, 300
energy（*śakti*）能量（夏克提）　95 ‥female and creation女性與創造　95, 125, 132 ‥in images of the world世界的意象　96。另參見「*kuṇḍalinī*昆達里尼」。
eternal, eternity永恆　93, 94, 132, 166 ‥agents of 永恆的代理者　149, 150 ‥*bindu*（“the drop”）明點（永恆突破而入的「點」）　168 ‥life, two images of永恆生命有兩種意象　129 ‥as outside of time時間思維無法觸及的維度　125 ‥self as manifestation of 你自身就是永恆的顯現　30
Evans-Wentz, W. Y.伊文斯－溫慈　169, 297

F

fable of three beings drinking from the river三種不同存在去同一條河喝水的寓言　114, 115
fear 恐懼　46, 112, 122, 171, 208, 210, 255, 258-260
Finnegans Wake（Joyce）《芬尼根守靈》（喬伊斯）　126, 292, 303
Flight of the Wild Gander: Explorations in the Mythological Dimension（Campbell）《野鵝的飛翔：神話學角度的探索》（坎伯）　13, 304
forest philosophers 森林哲學家　66, 72
Freud, Sigmund佛洛伊德　19, 48, 80, 81, 148, 160, 174, 232, 233, 259, 291 ‥ego自我、id本我、superego超我　147
Fromm, Erich佛洛姆　160, 297

G

Gandhi, Mohandas甘地 253
Genesis《創世記》 46, 245, 296
Gita Govinda（Song of the Cowherd）《吉塔．戈文達》（牧牛人之歌） 104
God（s）神、上帝：Aryan雅利安的神靈 212；*aum* as the sound of 唵是上帝的聲音 89；deities, lower *cakras* and ultimate下層脈輪的神靈和終極神靈 206；deities, personifications of power of the universe宇宙力量的擬人化 223；destroyers and creators毀滅者與創造者 25, 130, 132, 133, 166, ；Eastern conception東方的概念（thou art that汝即是彼） 41, 256；Father父神 41, 122；five levels of devotion to敬奉的五個層次 101；Greek希臘的神 51, 64, 134, 212；heart *cakra* and心輪和上帝 93；Jainist great goddess 耆那教大母神 204；man as人就是神 96；as men and women between lives眾神不過是等待轉世的男人和女人 230；Mother母神 123；Near East, traditions of 近東的神靈傳統 49, 150-152；one with我與父原為一，as blasphemy 是對上帝的褻瀆 42；Protestant idea新教徒的思想 149；relationship with, achieving尋求與上帝建立關係 43；rites, power conferred by makes man stronger than deities祭祀儀式使人比眾神還要強大 64；ultimate unknowable mystery of終極的神祕 40；universe（world）as神即是宇宙（世界）本身 168；universe as play of 宇宙是神的遊戲 30, 195；universe as ruled by impersonal宇宙並不受人格神的支配 37；Western conception（outside you）西方的概念（神在你之外） 9, 19, 20, 34
Goethe, Johann Wolfgang von歌德 262, 301
gopīs 牧牛女 104, 108-110
Gospel of Sri Ramakrishna, The（Nikhilananda）《羅摩克里希那福音》（尼克希拉南達） 102, 294, 295, 315
Greece, ancient古希臘人：Crete and克里特島 62；gods, concept of 古希臘的神靈概念 51, 64；human value system and人性價值 51；philosophy-religion split哲學與宗教的分裂 47；Platonic mysticism柏拉圖神祕主義 ；sacred grove 44, 45；sacrificial rites祭祀儀式 63
grhastha（period of the householder）家居期 242

H

heaven（s）天國、天堂 142, 143, 160, 163, 164, 183
Heraclitus赫拉克利特 269
hero英雄：Eastern（reincarnating monad）東方的英雄（不停轉世的單子） 143, 152, 154, 207；Western（individual）西方的英雄（個體） 142, 143, 153
Hero with a Thousand Faces, The（Campbell）《千面英雄》（坎伯） 10,

303, 315
Hesiod海希奧德　135, 144
Hinduism印度教　8, 30, 44, 68, 130, 142, 149, 217-220, 233, 241, 256‥austerities of苦行　93, 244, 253, 260, 266‥castes in種姓　136-138（另參見「specific castes特定種姓」）‥castes "twice born" or "āryan"「再生者」或「雅利安」種姓　226, 228‥dharma in印度教的「法」　225‥divine law神聖法則，śruti所聽到的　222‥emphasis on laws, doctrines, and bhakti強調律法，教義以及虔信　137, 219, 270‥as ethnic religion民族宗教　217-219, 248‥four ends of life四種人生目的　154‥heaven and hells of（purgatories）天堂與地獄（煉獄）　93, 142, 143‥individuality unimportant in不看重個體性　202, 203‥*sannyāsī*（wandering monk, saint）遁世者（雲遊四海的僧侶或聖人）　245, 246‥souls after death死後的靈魂，loss of personality失去人格　166‥stages of life（*āśramas*）人生階段（四行期）　241‥symbolism of rebirth重生的象徵　53, 54, 157, 168,
Hui-neng惠能　273-275, 302
"Humbling of Indra, The"〈因陀羅的謙卑〉　19, 30, 154

I

I and Thou（Buber）《我與你》（布伯）　292
identity同一，aim of Oriental religions and東方宗教的目標　133, 162。另參見「self自性」。
Iliad《伊利亞德》　64, 115
immortality永生，不朽‥in Indian art印度的藝術　‥symbols of永生的象徵　。另參見「rebirth and reincarnation 重生與輪迴轉世」。
India印度‥Age of the Four第四時代　135‥art印度藝術　96, 117, 179, 181, 182, 191, 221‥Aryans and雅利安人　62-64, 67, 223‥bathing, role of, in religious life沐浴行為在印度宗教生活中所扮演的角色　58‥Bodhi tree菩提樹　60, 256, 274‥bull公牛，sacred（Nandi）聖牛（南迪）　59‥caste system種姓制度　138, 237, 240‥cities of Mohenjo Daro and Harappa　摩亨佐・達羅以及哈拉帕兩座城市　53, 58, 67, 129, 135‥deities眾神，rites giving man control of人能藉由儀式控制諸神　224‥29, 99, 219, 299‥*dharma*法　29, 99, 219, 299‥Dravidian era達羅毗荼時代　58, 60, 62, 63, 67, 72, 134, 209, 217‥fable of three beings drinking from the river三種不同存在去同一條河喝水的寓言　114‥fable of tigers and goats老虎與山羊的寓言　286-289‥forest philosophers森林哲學家　66, 72‥four ends of life四種人生目的　154‥Gupta period笈多王朝　79‥high-culture of, beginning高位文化的開端　34, 35, 55‥Hinduism印度教　8, 30, 44, 68, 130, 142, 149, 217-220, 233, 241, 256‥"The Humbling of Indra"〈因陀羅的謙卑〉　19, 30, 154‥Jainism耆那教　202-216‥Laws of Manu摩奴法典　146, 227‥"Lord of

the Animals,"動物的主人　61‥mythology of印度神話學　30, 94, 111, 290‥negative and affirmative views of life否定世俗與肯定世俗　129, 207, 211‥philosophy-religion union哲學與宗教合一　43‥reincarnation in輪迴轉世　55, 93, 113, 154, 205‥religion without a supreme god印度的宗教沒有一位至高的神　212‥sacrifice in祭祀　54, 64, 65, 66-68, 127‥social hierarchy社會階級　99, 137‥symbol of the seated yogi靜坐的瑜伽士的符號　60‥symbolism符號、age of印度人的黃金時代　134‥towns called "the footprint of Viṣṇu"被稱為「毗濕奴足印」的小鎮　87‥Vedas吠陀經　58, 63, 66, 222, 223, 226, 227, 246‥yogic tradition（upanishadic period）瑜伽傳統（奧義書時期）　208。另參見「cakras脈輪」。

individual個體‥community and社群　152, 156, 162‥free will自由意志　149, 150, 221‥*ji-hōkai*, or individual uninverse事法界、個別世界　56, 293‥Jungian individuation榮格學派的個體化　140, 141, 154‥lack of, in Oriental art東方的藝術作品缺乏個體　177‥in Oriental myth東方神話中的個體　140-155‥retention of after death死後仍保有人格　231。另參見「identity同一」、「self自性」。

Indra（Lord of Thunder）因陀羅（雷神）　19, 24-30, 64, 103, 131, 154, 212, 260

Indrani（consort of Indra）因陀羅尼（因陀羅的妻子）　28, 29, 154

Inferno（Dante）《神曲・地獄篇》（但丁）　142

Inner Reaches of Outer Space, The: Metaphor As Myth and As Religion（Campbell）《外太空的內在世界‥作為神話與宗教的隱喻》（坎伯）　294, 305

Introduction to Zen Buddhism, An（Suzuki）《禪學入門》（鈴木大拙）　302

Islam伊斯蘭教‥as creedal faith信條式的信仰　218‥Joseph and Potiphar's wife（Yusuf and Zuleika）喬瑟夫與波堤伐之妻（猶索夫與祖萊哈）　109‥Koran《古蘭經》　44, 52, 152, 295‥Muhammad's footprints穆罕默德的足印　87‥as submission順從　44‥Sufi mystic蘇菲派神祕主義者、al-Hallaj哈拉吉　42, 164‥as Western culture西方文化　40

Īśvara（heaven）自在天（天國）　93, 163

J

Jainism耆那教　76, 111, 142, 202-216, 231, 245, 264, 266, 299‥contemporary當代　211‥doctrine of *ahiṃsā*（nonviolence）非暴力的教義　208, 209‥dualism（soul and matter）二元論（精神與物質）　208, 211‥goal of yogi瑜伽的目標　208‥heaven and hells of（purgatories）天堂和地獄（煉獄）　143‥history of耆那教的歷史　207‥*kayotsarga* posture「捨棄身體」的姿勢　213‥legends involving saviors（*tirthankaras*）渡者　207, 208‥monks and nuns（*digambāra* and *śvetambāra*）僧侶（天衣派與白

衣派） 212, 213 ‥rebirth and reincarnation 重生與輪迴轉世 205 ‥universe 耆那教的宇宙 203, 212, 214 ‥yoga of 耆那教的瑜伽 203, 207, 208, 209, 212 ‥yogic exercises 瑜伽練習 205

Japan 日本 ‥absence of Fall of Man concept 沒有「人的墮落」這種概念 9 ‥archery（*Kyūdō*）射箭（弓道） 278 ‥art of 日本的藝術 184-199 ‥Buddhism in 佛教在日本 197, 198, 271, 275, 276, 278 ‥Campbell in 坎伯在日本 189, 276 ‥divine rapture, romantic love, and the pathos of things 神聖的激情、浪漫愛以及感知物哀 109 ‥fencing（kendo）日本劍術（劍道） 189, 190, 197. 278 ‥ideogram for freedom 自由的表意符號，*Jiyū* 自由 191 ‥*ji-hōkai* 事法界（individual universe 個別世界）and *ri-hōkai* 理法界（one universe 一體世界） 56, 293 ‥jiriki 自力（self-power 自身的力量）‥*ji-ri-muge* 理事無礙（individual, universal，no division 個別性與普遍性兩者沒有差別） 56 ‥play language, *asobase kotoba* 遊戲語 192, 193 ‥sumo wrestling 相撲 189, 197 ‥*tariki* 他力（Way of the Kitten 小貓之道） 206 ‥tea ceremony 茶道 193, 194, 198, 276, 277 ‥ten thousand things 萬物 184, 196, 197 ‥Zen in 禪在日本 196, 197, 271

Jayadeva 賈亞德瓦 104

Jesus 耶穌 17, 19, 43, 86, 101, 113, 248, 254, 257, 262, 264, 300 ‥Buddha parallels 與佛陀的對比 262 ‥Christ Triumphant 得勝的基督 262, 264 ‥Crucifixion 十字架 42, 262, 264 ‥John the Baptist and 施洗者約翰與耶穌 254 ‥as path to God 透過耶穌基督與上帝建立關係 43 ‥resurrection of 耶穌基督的復活 19, 60, 263, 301 ‥as true God and true Man 基督是真正的上帝，也是真正的人 43 ‥virgin birth 由處女所生 19

jīva（soul）靈魂 92, 111, 113, 163 ‥Jainist concepts of rebirth and release 耆那教的重生和解脫概念 203, 206 ‥reincarnation and 輪迴轉世與靈魂 143, 152, 154, 155, 163, 202 ‥sixth *cakra* and 第六脈輪與靈魂 163

Job 約伯 49-52

John the Baptist 施洗者約翰 254

John, Gospel of 約翰福音 295

Joseph Campbell Audio Collection, The《喬瑟夫・坎伯錄音集》 12, 292, 297, 298 ‥*The Eastern Way*〈東方之道〉 12, 292, 298;"Interpreting Oriental Myth,"「解讀東方神話」 291 ‥*The Inward Journey—East and West*〈內在之旅：東方與西方〉 12, 297 ‥"The Mystical Tradition in India"「印度的神祕傳統」 293, 296

Joyce, James 喬伊斯 47, 126, 143, 292, 307, 314

Judaism 猶太教 ‥emphasis on laws, doctrines, and *bhakti* 強調律法、教義以及虔信 219 ‥as ethnic religion 民族宗教 217-219, 248 ‥God's Covenant with the Chosen People 上帝與特定的族群簽訂了聖約 43 ‥submission to God and 順服上帝 49

Jung, Carl 卡爾・榮格 8, 19, 81, 82, 86, 118, 140, 141, 143, 148, 154, 171, 290, 291, 294, 296, 302, 310 ‥individuation and *personae* 個體

化與人格面具　140, 296；*mana* personality 魔力人格　141；*maṇḍala* and 曼陀羅與榮格　171

K

Kāla 迦羅　117, 123, 138
Kālī 伽梨　123, 124, 127, 165
kāma 快樂　84, 258
Kant, Immanuel 康德　22, 56, 121, 291；*Ding an sich* 物自身　121
karma 業力　56, 173, 202, 205, 210, 213, 214, 265, 297
Kauravas 俱盧族　115
Kennedy, Eugene 尤金・甘迺迪　11, 14, 308
Kennedy, John F. 約翰・甘迺迪　253
Kerouac, Jack 傑克・凱魯亞克　299
Kirtimukha（Face of Glory）榮耀之臉　66, 70, 71
Krishna Menon, Sri 斯里・克里希那・梅農　175
Krishnamurti, Jiddu 吉杜・克里希那穆提　8, 290
kṛṣṇa 克里希那　99-108, 116, 117, 130, 131, 138, 221；advice to cowherds 對牧牛人的勸告　103；in Bhagavad Gītā 在《薄伽梵歌》中 99, 115-117；as"butter thief"「奶油賊」　102；myth of, and the *gopīs* 關於克里希那的神話以及牧牛女　104-109
kṣatriya 剎帝利（warrior lord class 戰士階級）　63, 66, 72, 137, 145, 177, 209, 217, 224-226, 228, 235
kuṇḍalinī 昆達里尼　79；*cakras* and 脈輪與昆達里尼　79-86；Ramakrishna description of 羅摩克里希那對昆達里尼的描述　80；yoga 瑜伽　79, 119, 122, 162, 182, 203, 272, 294。另參見「*cakras* 脈輪」。

L

Laing, R. D. 連恩　82, 294
Lakṣmi 吉祥天女　131, 132
lāma 喇嘛　169, 170, 173, 174
Laws of Manu 摩奴法典　146, 227
Leonardo da Vinci 達文西　178, 298
life 人生、生命；absolute affirmation of 對世界本質的絕對肯定　71；as dream 人生如夢　73；Face of Glory as image of ferocity of 榮耀之臉，生命之惡的意象　70
"Lines Completed a Few Miles above Tintern Abbey"（Wordsworth）〈遠望廷特恩修道院數英裡外的數行詩〉（華茲華斯）　86, 294
liṅgam 林伽　95, 123, 124, 128, 129, 133, 134；Śiva and 濕婆與林伽　128, 133；-*yoni* 林伽－約尼　123, 124, 296
lion 獅子　54, 157, 158；Buddha and 佛陀與獅子　158；as symbol of the Sun 太陽的象徵　54, 157
lotus（*padmā*）蓮花　25-27, 79, 80, 84, 94, 95, 97, 114, 131, 132, 135, 137, 138, 164, 250, 269, 294

love愛；divine rapture and神聖的激情之愛　109；husband-wife夫妻之愛　103；illicit禁忌之愛　104；religious宗教愛　101；troubadours and吟遊詩人的愛　109

M

Madonna, Musée de Cluny, Paris巴黎國立中世紀博物館的小聖母像　122
Mahābhārata《摩訶婆羅多》　101, 115
Mahāvīra摩訶毗羅　207, 208, 264
*maṇḍala*曼陀羅（"circle"圓圈）　171
Māra魔羅（Lord of Death死亡之主）　258, 259
Masks of God, The（Campbell）《神的不同面具》（坎伯）　10, 294, 304
Matthew 6:28–29《馬太福音》6:28–29　299
*māyā*摩耶（world of illusion幻象的世界）　119-122；as Mother of the world摩耶就是世界之母，creation創造力　121；three powers of摩耶有三種能力　120, 121；transcendence as far side of摩耶的另一面也無人知曉　120
Melville, Herman赫曼・梅爾維爾　251, 252, 300
Meru, Mount須彌山　25
Michelangelo米開朗基羅　178, 298
Mokṣa（release）解脫　149, 245
Moon月亮；ambrosia（*amrita*）and waxing and waning甘露與月亮的盈虧　60；bull公牛，symbol of and象徵　53, 54, 59, 68, 157；Easter, dating of and復活節的日期與滿月有關　60；immortality, reincarnation, and way of smoke永生不朽，輪迴轉世以及煙的道路　55, 129；*ji* and *ri* principles and事理法則　57；as realm of the spirit屬於精神的領域　24；as resurrection symbol復活的象徵　54, 59, 60, 157
Moses摩西　219, 222, 226
*mūdra*手印　88, 168
Mumford, Lewis路易斯・芒福德　238, 300
Murasaki, Lady紫式部　110, 197
Murray, Gilbert吉爾伯特・莫瑞　50, 292
mysticism神祕主義；divine rapture, love, and神聖狂喜，愛　110；goal of mystic神祕主義者的目標　42, 164；psychosis and精神病與神祕主義81, 82
myth神話；Buddha, life of and佛陀的生平　248-265；Celtic and Germanic凱爾特神話與日耳曼神話　44，sacred grove聖林　44, 45；collective unconscious and集體無意識與神話　19, 290；dark forces黑暗力量，symbols of 神話的象徵　127；deities神明，secondary assignment of次要的角色分配　133；as divine path神聖道路　206；dreams and夢與神話　19, 131；east（direction）東方（方位），symbolism of神話象徵　177；eternal cycle, agents of永恆循環的代理者　150；flood or deluge

image大洪水的意象 149；four basic functions of傳統神話具有四種基本功能 38；harmonizing function調和的力量 171；horse without a rider motif無人騎乘的馬匹之母題 253；India's印度神話 30, 94, 111；individual in Oriental東方神話中的個體 140；literal interpretation（mistake of the West）神話的表面解讀（西方所犯的錯） 9；mystical and神祕與神話 19；as poems將神話當成詩 23, 38；poets as composers of詩人是神話的創作者 23；Sunday, symbolism of星期日的神話象徵 257, 301；survival and存活與神話 30；Western contemporary definition西方的當代定義 20。另參見「specific myths特定神話」、「religions宗教」。
Mythic Image, The（Campbell）《神話的意象》（坎伯） 304
Mythos: The Shaping of Our Mythic Tradition（Campbell, video）《神話：塑造我們的神話傳統》（坎伯，影像系列） 290
Myths of the Hindus and Buddhists（Nivedita and Coomaraswamy）《印度教與佛教神話》（尼維帝塔修女與庫馬拉斯瓦米合著） 295
Myths to Live By（Campbell）《活出神話》（坎伯） 13, 304

N

nature大自然：art藝術、landscape山水畫、East Asian東亞、kakemonos掛軸 185；deities神靈；sacred grove and聖林 44, 45；Taoism and道家 185, 188, 191, 197, 215, 216；Western attitude toward西方對於大自然的態度 20；Zen and禪與大自然 110
Needham, Joseph李約瑟 188, 298
neti, neti（not this, not this）不是這個，不是這個 41
Nietzsche尼采 85, 192, 259
Nikhilananda, Swami斯瓦米・尼克希拉南達 294, 295
*nirvāṇa*涅槃 114, 138；Buddhist concept佛教徒的概念 256, 261, 268-270；Jainist concept 耆那教徒的概念 206
Nivedita, Sister（Margaret E. Nobel）尼維帝塔修女 295
Nizāmī尼扎米 109, 295
noumenal world本體世界 56

O

Obscure Religious Cults As Background of Bengali Literature（Dasgupta）《孟加拉文學背景中的密教派別》（達斯古普塔） 295
Occidental Mythology（Campbell）《西方神話》（坎伯） 304
Odyssey《奧德賽》 115, 142
Oppenheimer, J. Robert奧本海默 117, 296
Oriental Mythology（Campbell）《東方神話》（坎伯） 293, 304
Osiris歐西里斯 59, 158, 263
Other Shore彼岸 96；*yāna*乘（ferryboat渡船），or ways to enlightenment或通往覺悟的道路 260, 266, 267, 301

P

padmā（goddess）蓮花（女神） 132
Pāṇḍavas 般度五子 101
Pāśvanāta 巴濕伐那陀 207
Persia 波斯，concept of the Fall and 關於墮落的概念 69
Philippians2:5-8 腓立比書 2:5-8 301
Plato 柏拉圖 47, 67, 76, 256, 292；Myth of the Spheres 球形人神話 256
Platonic mysticism 柏拉圖神祕主義 256
Politics of Experience, The（Laing）《經驗的政治學》（連恩） 82, 294
Portable Jung, The（Campbell, ed.）《袖珍版榮格》（坎伯編） 291, 310
Poseidon 波塞頓 134
prāṇa（spirit, breath）普拉那（精、氣） 240, 300
Prometheus Bound（Aeschylus）《受縛的普羅米修斯》（艾斯奇勒斯） 51, 293
"Prometheus and Job"（Murray）〈普羅米修斯與約伯〉（莫瑞） 292
psychology 心理學：connection with Eastern world view 與西方世界觀的關聯 118（另參見「consciousness 意識」）；Indian four ends of life and Freud's ego, id, superego 印度教的四種人生目的與佛洛伊德的自我、本我、超我 229；psychosis and schizophrenia 精神病與思覺失調 81；Western individuality versus Eastern *dharma* 西方的個體與東方的「法」（達摩）之對照 233
Purāṇa《往世書》 30
Purgatory 煉獄 93, 142, 143, 160

R

Rāma 拉瑪 130
Ramakrishna 羅摩克里希那 80, 82, 102, 103, 126, 163, 164, 286, 288；fable of tigers and goats 老虎與山羊的寓言 286-289
Ratnasambhava Buddha 寶生佛，five *dhyāni* Buddhas 五方佛 170
rebirth and reincarnation 重生與輪迴轉世 24, 129, 156, 163；Buddhist symbols of 佛教象徵 252, 253, 258, 262, 267；early mythologies and 早期神話 158；ego elimination and 泯除自我 114, 178, 205, 206, 229, 244；hierarchy of 輪迴轉世的階段 205；Hindu symbols of 印度教象徵 113, 143, 168, 228；Jainist concept 耆那教的概念 143, 202, 209；in time 在時間中重生，Moon symbolizes 由月亮的盈虧為象徵 156, 263；transcendent 徹底超越輪迴，Sun symbolizes 以太陽為象徵 157, 214；Western emphasis on resurrection 西方強調復活 263
religion 宗教信仰：*bhakti*（ritual devotion）巴克提（虔信） 219；creedal faiths 信條式的信仰 218；Eastern, goal of 東方的宗教

目標　55, 56 ‥ ethnic 民族宗教　217-219, 248 ‥ five levels of practice 修行的五個層次　101 ‥ matriarchal 母系宗教　121 ‥ psychological 心理性的宗教　256
resurrection 復活　19, 59, 60, 263, 301。另參見「rebirth and reincarnation 重生與輪迴轉世」。

S

sacrifice 祭祀 ‥ bull 公牛　157, 158 ‥ eating food as 飲食也是一種祭祀　68 ‥ energy in, *Brahman*「梵」的能量就是祭祀的能量　66 ‥ Greek 希臘人的祭祀　63 ‥ Kālī and 伽梨與祭祀　127 ‥ nomadic 游牧民族，or Aryan 或雅利安人　35, 63 ‥ power conferred by makes man stronger than deities 祭祀儀式使人比眾神還要強大　64 ‥ *soma* 蘇摩　68 ‥ world negation and 對世界說不　69
Sahajayas 自然本然者／薩哈吉亞派　96
sahasrāra 頂輪（thousand-petal lotus at crown of creation 位於創造的王冠之千瓣蓮花）　97
Sake & Satori: Asian Journals—Japan（Campbell）《清酒與開悟：亞洲日記——日本篇》（坎伯）　9, 293, 308
śakti 夏克提（energy 能量）　95 ‥ Śiva- 濕婆－夏克提　96, 125
Śakuntalā Recognized《沙恭達羅》　263
saṃsāra 輪迴　203
Śaṅkara 商羯羅　215, 245
sat 薩特　234, 238, 242 ‥ fable 關於「薩特」的寓言故事　234-238
satī 薩蒂　234, 237, 242
satya（truth）真理　233, 234
satyagrāha 堅持真理　233
śāva 死屍　95, 129
Scholem, Gershom 格爾肖姆・朔勒姆　33, 292
Schopenhauer, Arthur 叔本華　65, 97, 121, 205, 295, 299
Schweickart, Rusty 拉斯提・施韋卡特　23
Science and Civilisation in China（Needham）《中國的科學與文明》（李約瑟）　188, 298
Seattle, Chief 西雅圖酋長　20, 23, 291
self 自我，自性 ‥ *Ahaṃ* 我（ego 自我）and myth 與神話　46, 178, 255 ‥ as *ātman* 阿特曼　92, 113, 119, 182, 202 ‥ *aum* and 唵與自我　159 ‥ deities within 神靈位於人的內心　38 ‥ driven by pleasure and power 受快樂和權力所驅動　85 ‥ ego, id, superego 自我，本我，超我　147 ‥ ego, quenching of 自我的泯除　245 ‥ ego and reincarnating principle 自我與輪迴法則　143 ‥ fear and desire 恐懼和慾望　30, 112 ‥ God outside of 神在我之外　46 ‥ God within 神在我之內　29, 138 ‥ identity 同一　97, 133 ‥ myth and 神話與自我　34 ‥ personality and imperfection 個性與不完美　205 ‥ pure and contaminants 純淨與汙染　148, 202 ‥ splitting of 自我分裂成兩半，masculine-feminine 男性

和女性　46, 256；union with own being and discovery of與我們自身的存在合而為一，發現真實的自性　159；Western conception of西方的自我概念　42
serpent symbol蛇的象徵　25, 54, 130, 156
sex性：androgyne and perfection雌雄同體與完美的肉身　95；*cakra*（*svādhiṣṭhāna*）and脈輪（生殖輪）與性　84；divine and（"Great Delight," *mahāsukha*）神聖與性（大樂）　96；energy（*śakti*）能量（夏克提）　95；Freudian view of civilization and佛洛伊德學派的文明觀　48；*kāma* and快樂與性　84；lust as temptation of the Buddha佛陀所經歷過最大的誘惑之一是色慾　30。另參見「*kāma*快樂」。
silence靜默　91, 161
Śiva濕婆　28, 60, 123, 132；Ardhanārī濕婆半女像（*ardha*一半、*nārī*女人）　95；and the Face of Glory榮耀之臉　69, 70,；Kālī and伽梨與濕婆　123；*liṅgam* and林伽與濕婆　128, 133；Lord of Yoga瑜伽之主　129；Nāṭarāja（dancer of the cosmic dance）舞蹈之王濕婆（跳著宇宙之舞的舞者）　62, 166, 168；Poseidon and波塞頓和濕婆　130, 134；-śakti（energy）濕婆—夏克提（能量）96, 125
Snyder, Gary蓋瑞・史耐德　299
society社會：hieratic祭司團體　38；as mezzocosm中觀的社會秩序　39；Western theologies and西方神學與社會　32。另參見「India印度、caste system種姓制度」。
*soma*蘇摩　68
soul靈魂（jīva靈魂、individual個體）　56, 92, 111, 113, 163；colors of靈魂的顏色　202；reincarnation and輪迴轉世與靈魂111-114。另參見「*Brahman*梵」。
Spengler, Oswald史賓格勒　192, 273, 298
Star of David大衛之星　87
Studies in Pessimism: A Series of Essays（Schopenhauer）《悲觀主義研究：一系列論文》（叔本華）　299
sublime experience崇高體驗（mystery experience神祕體驗）　24；myth and神話與崇高體驗　38；*sahasrāra*頂輪（seventh *cakra*第七脈輪）and　83, 97；in Śiva Nāṭarāja（dancer of the cosmic dance）舞蹈之王濕婆（跳著宇宙之舞的舞者）　62, 166, 168
*śūdra*首陀羅（laboring caste農民）　63；story of Bindumatī賓杜瑪提的故事　236, 237
Sukhāvatī（realm of bliss）極樂世界　269
Sumer古蘇美　36；"Lord of the Tree of Life,"「生命樹的主人」61；*me*「密」　37
Sun太陽　23, 24, 39；immortality and way of fire永生的形式與火的道路　54, 129；*ji* and *ri* principles and事理法則　56；lion as symbol獅子代表太陽　54, 55, 157；Moon and symbolism of duo月亮和雙重象徵　57, 60, 157；as realm of spirit太陽是精神的領域　24
*śūnyatā*空性　161, 270

suśumnā 中脈（channel of the spine 脊椎的通道） 84；male-female energies of 中脈的陽性與陰性能量 94
Sūtra 經 77；*Avataṃsaka*《華嚴經》（Flower Wreath「花環經」） 57, 279, 302；Heart《心經》 268, 270, 273；Platform of the Sixth Patriarch《六祖壇經》 302；Prajñāpāramitā《般若波羅蜜多心經》 268, 270；Yoga《瑜伽經》 77
Suzuki, Daisetz 鈴木大拙 114, 284, 302
Symposium, The（Plato）《會飲篇》（柏拉圖） 47

T

Tale of Genji, The（Murasaki）《源氏物語》（紫式部） 110, 197
Tammuz 塔木茲 158, 263
tanka 唐卡 57
Tao 道 37, 146；artist 道家 185, 186, 191, 197, 215, 216；*wuwei* 無為 186, 189, 190, 215, 281；yang and yin 陽和陰 185
Tat tvam asi（thou art that）汝即是彼 41
thangka 唐卡 172
Thomas, Gospel of Saint: Logion 77《多馬福音》第 77 節 17；第 113 節 262, 301
Thou Art That: Transforming Religious Metaphor（Kennedy, ed.）《汝即是彼：轉變中的宗教隱喻》（甘迺迪編） 11
Tibetan Book of the Dead, The（Bardo Thödol [Evans-Wentz, Dawa-Samdup, trans.]）《西藏度亡經》（《中陰聞教得度》，伊文斯—溫慈、達瓦—桑杜喇嘛翻譯） 169, 297
transcendence 超越性 11, 120, 123, 162, 175；consciousness and realm of mystery 意識和神祕領域 23；crown *cakra* 頂輪（7th 第七脈輪）and 83；of duality 二元性 97, 121；Eastern concept of 東方的概念 40；as goal of Eastern religions 東方宗教的目標 57；individual and 個體與超越 56, 161；*ji-hōkai* 事法界（individual universe 個別世界）and *ri-hōkai* 理法界（one universe 一體世界） 56, 293；*ji-ri-muge* 理事無礙（individual, universal，no division 個別性與普遍性兩者沒有差別） 56；passage from 6th to 7th *cakra* 從第六脈輪通往第七脈輪 170。另參見「*nirvāṇa* 涅槃」。
Transformation of Nature in Art, The（Coomaraswamy）《藝術中的自然轉化》（庫馬拉斯瓦米） 298
Tree of Life 生命之樹 60
Tristan（von Strassburg）《崔斯坦》（斯特拉斯堡） 128, 296

U

universe 宇宙，世界；*aum* as sound of 唵是宇宙的聲音 125；Eastern concepts 東方的宇宙概念 24, 125；as ever-burning sacrifice 宇宙是一場永遠燃燒的火祭 69；as god 神即是宇宙本身 168；as god's play 宇宙是神的遊戲 30, 195；Jainist

world耆那教的世界　203；ji-hōkai事法界（individual universe個別世界）and ri-hōkai理法界（one universe一體世界）56, 293；law comes from法律源於宇宙　225；lotus symbol（padmā）蓮花是宇宙自身的象徵　132；mathematical principles數學法則　144, 151；myth, image of, for connection of transcendent to everyday experience神話提供一幅宇宙圖像，連結超驗性的世界與日常的經驗世界　38；as Śiva-śakti濕婆—夏克提　96；Western concepts西方的宇宙概念　34
Upaniṣad奧義書　16, 41, 45, 67, 72, 76, 91, 129, 207, 208, 211, 217, 223, 255, 256；Being of Beings story「存在的存在」之故事　255；Bṛhadāraṇyaka《廣林奧義書》　45, 255；Chhāndogya《歌者奧義書》　16, 41；way of smoke and way of fire（images of eternal life）煙的道路與火的道路（永恆生命的兩種意象）129
Ur烏爾　36

V

Vairocana Buddha毗盧遮那佛　170, 171
*vaiśya*吠舍（merchant class商人階級）　63, 137, 145, 226
*vānaprastha*林修期（entering the forest進入森林）　243
Vedas吠陀　63, 64, 222, 228
Viṣṇu毗濕奴　25-29；dream of（world creation）毗濕奴的夢（創造世界）　131-133；footprint of毗濕奴的足印　87；as incarnation of love愛的化身　130；Institutes of《毗濕奴教論》146
*Viśuddha*喉輪（purgation滌罪者）　93
Viśvakarman毗首羯磨　25, 26
von Strassburg, Gottfried斯特拉斯堡　128, 296
Vṛtra弗栗多（「柵欄」）　24, 28, 154

W

"Wake, Mother!"〈醒來吧！母親〉　83
walking contemplation步行禪　197
Watts, Alan艾倫・瓦茨　299
Western（Occidental）culture西方文化；archetypal symbols interpreted as fact神話中的原型象徵被當成事實來解讀　19；art西方藝術　178；civilization, beginnings, in Mesopotamia文明的開端在美索不達米亞　36；cosmos ruled by an impersonal power宇宙不受人格神的支配　37；failure of myth in西方的神話無法發揮其功能　156；female as passive女性是被動的客體對象　126；four great ages of Hesiod海希奧德將世界分為四個時代　135；God, concepts上帝的概念　20, 32, 40；good and bad deities in善良的神祇與邪惡的神祇　128；hero in西方的英雄　142, 143；individual in, versus East西方的個體觀念與東

方的差異　140, 152；invasions and change in入侵與變革　35, 62；law, versus Eastern concept西方的法律概念與東方的差異　225；myth as falsehood in神話被看成謊話　19；as Near East and Europe近東與歐洲　35, 36, 42, 144；priests, role of祭司的角色　37；resurrection and seasons復活與季節　60, 301；spirituality lacking in沒有靈性的觀點在內　20；transcendent, concept in西方的超越概念　40
Woodruff, Sir John約翰・伍德拉夫爵士　169
Wordsworth, William華茲華斯　86, 294
World as Will and Representation, The（Schopenhauer）《作為意志與表象的世界》（叔本華）　97, 295
wuwei（non-effort）無為　186, 189, 190, 215, 281

Y

yang and yin陽和陰　185
yoga瑜伽　98-191；*bhakti*巴克提　9, 101；*cakras* and脈輪與瑜伽　76-98；consciousness, undifferentiated, while awake and在保持清醒的同時，進入那個未分化的意識狀態　161；definition定義　76, 77；*dharma*法　99；in Dravidian culture在達羅毗荼文明　62；goal of, making the mind stand still目標是讓心靈保持平靜　78；*haṭha*哈達　98；Jainist耆那教徒　211；*jñāna*智瑜伽　100；*kuṇḍalinī*昆達里尼　80；*rāja*（kingly yoga）勝王瑜伽　79；relationship to psychosis瑜伽與精神病的關係　81；Tantric譚崔　96；way of fire versus way of smoke火之路和煙之路的差異　129
Yoga Sūtra《瑜伽經》　77, 158, 163
yogi, seated靜坐的瑜伽　209
*yoni*約尼　95；*liṅgam*-林伽－約尼　123, 124, 296

Z

Zen禪　196, 270, 302；artist and contemplation of nature藝術家和觀照自然　191；Chinese中國的禪　197；*dharma* bums達摩流浪者　198, 299；Japanese日本的禪　197, 198, 275；koan公案　88；meditation打坐、冥想（*dhyāna*禪那）as the main exercise主要修練　198；tea ceremony茶道　198, 278；word derivation字源　196, 272
Zeus宙斯　24, 48, 51, 134
Zimmer, Christiane克里斯蒂安・齊默　8
Zimmer, Heinrich海因里希・齊默　8, 258, 290, 309
Zoroastrianism祆教　151, 175

關於作者

喬瑟夫．坎伯是一位美國作家與教師，因比較神話學領域的研究而聞名。他於一九〇四年出生於紐約，自幼便對神話感興趣。他熱愛閱讀有關美洲原住民文化的書籍，並經常造訪位於紐約的美國自然歷史博物館，對該館收藏的圖騰柱深深著迷。

坎伯曾就讀哥倫比亞大學，主修中世紀文學，並在取得碩士學位後，赴巴黎與慕尼黑等地的大學繼續深造。在歐洲期間，他深受畢卡索（Pablo Picasso）與馬諦斯（Henri Matisse）的藝術、喬伊斯與湯瑪斯．曼（Thomas Mann）的小說，以及弗洛伊德與榮格的心理學研究所影響。這些經驗促成了坎伯的理論：所有神話與史詩都與人類的心理結構相連，是人類為了解釋社會、宇宙與靈性現實而產生的文化表現。

在加州短暫居留期間，他曾與小說家史坦貝克（John Steinbeck）及生物學家里克茲（Ed Ricketts）相識。之後，他在坎特伯里學校任教，並於一九三四年加入莎拉．勞倫斯學院文學系，長年擔任教職。一九四〇與五〇年代期間，他協助印度僧侶尼克拉南達翻譯《奧義書》與《羅摩克里希那福音》，同時也編輯了德國學者齊默有關印度藝術、神話與哲學的著作。

一九四四年，他與亨利．羅賓遜（Henry Morton Robinson）合著《為芬尼根守靈：析解》（*A Skeleton Key to Finnegans Wake*）。他的第一本原創著作《千面英雄》於一九四九年出版，甫一問世即獲廣大好評，後來更被譽為經典之作。在這部探討「英雄神話」的書中，坎伯主張所有文化的英雄神話皆共享著某種單一的英雄旅程模式，並描繪出這種原型旅程的基本條件、階段與成果。

喬瑟夫．坎伯於一九八七年去世。一九八八年，他與莫比爾（Bill Moyers）的系列電視訪談節目《神話的力量》（*The Power of Myth*）播出，使他的思想與觀點傳播至數百萬觀眾。

意識之光—東方宗教神話的永恆隱喻

出　　版／楓樹林出版事業有限公司
地　　址／新北市板橋區信義路163巷3號10樓
郵政劃撥／19907596　楓書坊文化出版社
網　　址／www.maplebook.com.tw
電　　話／02-2957-6096
傳　　真／02-2957-6435
作　　者／喬瑟夫・坎伯
譯　　者／鐘穎（愛智者）
企劃編輯／陳依萱
校　　對／周季瑩
港澳經銷／泛華發行代理有限公司
定　　價／520元
初版日期／2025年8月

國家圖書館出版品預行編目資料

意識之光：東方宗教神話的永恆隱喻 / 喬瑟夫・坎伯作；鐘穎（愛智者）譯. -- 初版. -- 新北市：楓樹林出版事業有限公司, 2025.08　面；　公分

譯自：Myths of light : Eastern metaphors of the eternal

ISBN 978-626-7729-19-9（平裝）

1. 坎伯 (Campbell, Joseph, 1904-1987)
2. 神話　3. 宗教　4. 亞洲

283　　114007272